어른의 말

'경험이 미래에게'
미류책방은 미미와 류의 2인 출판사입니다.
경험이 미래에게 들려주는 수북한 시간들을 담으려고 합니다.
책을 만들고, 책을 읽는 그 모든 시간들이 아름답게 흘렀으면 좋겠습니다.
그리하여 먼 훗날, 한 그루 미류나무처럼
우리 모두 우뚝 성장해 있기를 소망합니다.

이어령　　최인아　　한동일　　김창완　　이광형　　박연준

삶을 뒤흔든 열두 번의 만남

어른의 말

김민희 인터뷰집

타일러　　김호　　요조　　최인철　　김민섭　　윤홍균

미르책방

추천사

좋은 질문은 답하는 자의 시선을, 세상을 바라보는 각도를, 숨은 생각을 드러나게 한다. 인터뷰어 김민희는 상대를 알고 싶은 사람이 아니라 곁에 서고 싶은 사람처럼 질문한다. 답을 듣고 돌아서려는 사람이 아니라 귀를 열고 한사코 기다리려는 사람처럼 묻는다. 많은 인터뷰이가 그와 '친구'가 되는 이유이리라.

그는 공들여 듣는 사람이다. 그의 반듯한 이미지는 삶의 지난함을 헤아리는 힘에서 온다. 그의 지성은 공감 능력에서 온다. 그의 호기심은 누군가의 비밀을 간직하려는 힘에서 온다. 그의 관찰력은 예단하지 않는 신중함에서 온다. 이야기를 발굴하고 그 '따뜻한 진실'을 묻는 자와 답하는 자 둘에서 나란히 들고 있는 일. 이것이 그의 인터뷰 방식이다.

고백컨대 글쓰기가 막힐 때마다 이 책의 곳곳을 산책하듯 읽었다. 읽고 나면 명료한 답이 아니라 자명한 질문 몇을 품을 수 있었다. 가치 있는 것은 저마다 '왜'라는 물음을 손에 쥐고 태어나지 않는가. 당신이 지금 캄캄하다면, 두려움을 느끼고 있다면 이 책의 어느 페이지든 펼쳐 읽어 보라고 권하고 싶다. 인생은 도달하는 게 아니라 헤매는 과정임을, 헤매는 일이 곧 가치 있는 일임을 깨닫고 나아갈 용기를 얻게 될 것이다.

— 박연준 시인

———•—•———

　김민희의 인터뷰집 『어른의 말』은 한마디로 '나다움', 내가 참다운 나가 되기 위한 안내서이다. 이 점은 책의 첫 번째 꼭지인 고 이어령 선생님의 인터뷰에서부터 여실히 드러난다. 우리말의 '답다'는 '다외다'라는 고어에서 왔다고 한다. '되다'라는 뜻이다. '나다워'라는 건 현실이 아니라 '이런 내가 되고 싶다'는 지향을 담은 바람과 희망일 수 있다. 꿈과 이상, 정체성을 가지고 대체할 수 없는 한 사람이 되어 가는 존재, 그게 결국 인간이 '나'가 되어 가는 과정이다. 끊임없이 무언가를 시도하는 사람이고 무언가가 되어 가는 과정에 놓인 존재라고 할 수 있다.

　이렇게 우리는 '나다움'을 갈망하고 희망한다. 많은 순간 나다움이 무엇인지 찾고 발견하는 과정은 스스로에게 묻는 것에서부터 시작하겠지만, 물음에도 단계와 내공이 있음을 우리는 안다. 초심자의 이 부족한 단계를 우리는 많은 순간 스토리가 된 타인의 아픔과 경험, 그들이 내어놓은 말과 글을 접함으로써 채워 나갈 수 있게 된다. 자아(타일러)와 아웃사이더(이광형), 일(최인아), 공부(한동일), 시간(김호)과 걷기(박연준), 선의(김민섭)와 무해함(요조), 자유(김창완)와 행복(최인철), 그리고 사랑(윤홍균)까지 뭔가 조금씩 다른 이야기를 하는 것 같아도 결국은 모든 것이 연결된 이야기, 거기서 어제의 나보다는 좀 더 나은 나를 찾는 여정에 함께할 수 있다.

"⋯⋯사람이 얼마나 작은지, 그리고 사람이 어떤 존재인지 내가 생각해 보면, 그것은 다른 사람에게 빚진 것이다Wenn ich bedenke, wie man wenig ist, und was man ist, das blieb man andern schuldig라는 말을 실감하게 된다." (괴테, 『토르콰토 타소Torquato Tasso』).

괴테의 말처럼 김민희의 인터뷰집은 우리가 얼마나 다른 많은 사람에게 빚지고 살고 있는지를 다시금 생각하게 해 준다. 이 책의 인터뷰이 12인은 나다움을 주제로 각자가 가진 것을 나누어 준다. 빚은 빚진 사람에게 그대로 갚는 방법도 있지만 이해관계가 없는 다른 타인에게 대가 없이 나누어 갚는 방법도 있다. 그래서 이 책을 읽는 누군가는 또 누군가에 빚지고 있다는 느낌이 들었으면 좋겠다는 희망을 해 본다.

    김민희 기자와의 첫 인터뷰가 생각난다. 타인의 말을 진심으로 들어 주고, 자신도 몰랐던 자신을 발견하게 해 주는 듣는 능력이 있었다. 이후로 나는 깔끔하고 담백한 성품의 그와 친구가 되었고, 언젠가 인터뷰집을 내게 되면 추천사를 써 주겠다고 작은 약속을 했다. 그러니까 이 추천사는 수년 전 약속에 대한 답변인 셈이다.

— 한동일 『라틴어 수업』 저자

차례

추천사 4
프롤로그 10

1 **이어령-나다움**
 "하루를 살아도 자기 머리로 살아야 하네" 18

2 **최인아-일**
 "내 이름이 브랜드가 되고 싶었다" 44

3 **한동일-공부**
 "어른의 공부는 어제의 자신으로부터 벗어나는 것" 74

4 **김창완-자유**
 "새들은 주머니가 없다" 100

5 **이광형-아웃사이더**
 "타인의 욕망을 욕망하지 마세요" 120

6 **박연준-걷기**
 "혼자 걸으면 나를 만나게 된다" 142

7   **타일러-자신**
    "한국인은 개인을 모르는 개인주의자예요" 164

8   **김호-시간**
    "1년 후 죽는다는 걸 알면, 지금 무엇을 할 것인가" 194

9   **요조-무해함**
    "함부로 정죄하지 않는 세상을 위하여" 224

10 **최인철-행복**
    "행복은 보통주의자의 얼굴을 하고 있다" 250

11 **김민섭-선의**
    "연약의 시절을 지나 사회적 존재가 된다면" 278

12 **윤홍균-사랑**
    "사랑은 두 사람이 한 그루의 나무를 심는 것" 302

프롤로그

어른의 세 가지 조건

물 같은 사람이 되고 싶었다. 사춘기 무렵, 그러니까 10대 중반쯤 '어떻게 살 것인가'라는 질문을 곰곰 품다가 길어 올린 답이었다. 네모 그릇에 담으면 네모가 되고, 둥근 그릇에 담으면 둥글게 되는 물. 자기를 고집하지 않으면서 자기를 잃지 않는 물의 넉넉함과 강인함이 나는 좋았다. 없으면 안 되는 생명수이면서도 존재를 과시하지 않는 담백함도 닮고 싶었다.

그러나 물 같은 어른이 되기는 쉽지 않았다. 모퉁이를 돌다 돌부리에 걸리면 인생이 통째로 원망스러웠고, 별 뜻 없이 던져진 작은 돌멩이에 몇 날 며칠을 앓았으며, 경쟁 사회의 채찍질에 무방비 노출되어 쉽게 나를 잃었다. 한국 사회는 나를 잃어버리기에 최적화된 시스템이었다. 타인의 기준, 타인의 성공, 타인의 상찬에 휘둘리면서 나의 촉수는 점점 외부를 향했다. 그럴수록 내면은 공허해졌고, 내가 지향하는 어른의 모습에서 멀어져 갔다.

인터뷰는 나의 구원자였다. 인터뷰는 각자의 색으로 빛나는 타인이라는 별을 탐험하는 일이었다. 멀리서 조망하고 가까이에서 구석구석 들여다보면서 당신이라는 별이 어떤 색으로 반짝이는지 발견하고 명명해 주는 일. 이 일을 하면서 알게 되었다. '나다움'의 어마어마한 가치를. 내가 존경하고 닮고 싶은 인터뷰이들은 하나같이 어떤 외부 상황에도 끝끝내 나다움을 잃지 않은 사람들이었다.

나다움을 지켜 낸 인터뷰이들이 건네준 말들은 힘이 있었다. 탁월성의 비결이기도 했다. 같은 단어를 사용해도 그들의 말은 멀리까지 가닿았다. 나에게도 그랬다. 내 영혼의 밑바닥까지 파고들어 둥둥, 지진을 일으키곤 했다. 그런 만남은 나를 성장시켰고, 조금 더 괜찮은 어른이 될 수 있는 자양분이 되어 주었다.

인터뷰이의 말들이 차곡차곡 쌓일수록 나의 내면은 부요해졌다. 촉수의 방향도 서서히 바뀌어서, 타인을 향하던 촉수가 점점 안으로 휘어들었다. 촉수의 절반은 밖을, 절반은 안을 향해 가며 균형점을 찾아가기 시작했다. 뾰족하고 성기고 혼탁하던 영혼이 둥글고 단단해지고 투명해지는 걸 느낀다. 조금씩 조금씩 그렇게, 나는 내가 그토록 지향하던 '물 같은 어른'에 가까워지는 것 같다고 여긴다.

이 책은 내 삶을 변화시킨 12명과의 대화록이다. 20여 년 넘게 언론인으로서 진행한 700여 건의 인터뷰 중, 내 삶을 뒤흔든 인터뷰를 고르고 골랐다. 특히 인생을 헤쳐 나가는 데 꼭 필요한 열두 개의 가치(나다움, 일, 자아, 공부, 사랑, 선의, 걷기, 자유, 시간, 무해함, 괴짜력, 행복)에 정통한 삶의 고수들 위주로 담았다.

- 나다움을 잃지 않기 위해서는 어떻게 해야 하는가(이어령)
- 일이란 무엇이며 왜 하는가(최인아)
- 한국인은 왜 개인을 모르는 개인주의자가 되었나(타일러 라쉬)
- 어른의 공부는 어떻게 다른가(한동일)
- '많이' 사랑하기보다 '잘' 사랑한다는 건 무엇인가(윤홍균)
- 선의의 연대는 어떻게 무기가 되는가(김민섭)
- 혼자 걸을 때 내 안에서 무슨 일이 일어나는가(박연준)
- 자유와 성실은 반대 개념인가(김창완)
- 남아 있는 시간을 어떻게 사용할 것인가(김호)
- 사려 깊은 무해력은 어떤 힘이 있는가(요조)

- 세상을 바꾸는 자발적 아웃사이더의 힘(이광형)
- 행복은 어떤 얼굴을 하고 있는가(최인철)

'어른은 어떤 존재일까'에 대한 고민이 길었다. 제목은 '어른의 말'이지만, 인터뷰이들의 나이는 30대부터 80대까지 폭넓다. 내가 생각하는 어른은 나이가 기준이 아니다. 50세가, 60세가 넘어서도 어른 같지 않은 어른이 얼마나 많은가. 각자 생각하는 어른의 정의가 있을 텐데, 나의 인생 사전에는 '어른'을 이렇게 정의한다.

첫째, 어른은 눈이 많은 사람이다. 외눈이 아니라 겹눈으로 볼 줄 아는 사람. 타인의 시선으로, 약자의 시선으로, 더 나아가 나와 다른 생각을 가진 사람의 시선으로 바라보려 노력하는 사람이 어른이다. 나와는 지지하는 정당과 정치인이 다르더라도 섣불리 내 생각을 강요하거나 설득하려 하기보다 "당신은 왜 그 사람을 지지하는지, 어떤 면에서 그 정당이 낫다고 생각하는지" 물어봐 주는 사람. 그리고 그의 답변을 그의 시선으로 이해하려 애쓰는 사람. 그런 사람은 세상을 함부로 납작하게 일반화하지 않는다. 개별성과 고유성을 존중해 주면서 한 존재의 가치를 이 각도, 저 각도에서 입체적으로 바라봐 줄 줄 안다.

둘째, 어른이란 공적 쓰임에 관심이 많은 사람이다. 나 혼자만 잘 먹고 잘 살면 된다는 시각에서 벗어나, 내가 가진 재능과 적성으로 이 세상을 조금이라도 더 나은 곳으로 데려가려 노력하는 사람이 어른이다. 그런 사람의 언어 공장에는 돌봄, 공존, 공생 같은 단어가 핵심어처럼 들어차 있을 것이다. 공생을 추구하는 사람의 시선은 미래를 향한다. 다음 세대의 주역이 될 아이들에게 조금 더 나은 세상을 물려주기 위해 자신의 쓰임을 고민한다.

셋째, 어른은 자신의 선택에 책임질 줄 아는 사람이다. 집에서든, 회사서든, 모임에서든 자발적으로 내린 선택에 대해 책임감을 가지고 끝까지 매듭을 지을 줄 아는 사람이 어른이다. 화분 한 개, 반려동물 한 마리를 들여오더라도 가벼이 여기지 않는 사람. 그런 사람은 구차하거나 쩨쩨하지 않다. 인간은 불완전한 존재이기에 누구나 크고 작은 실수를 한다. 어른은 선택의 순간보다 실수의 순간에 그 진가가 드러난다. 좋은 어른은 좋은 선택을 하는 사람이라기보다 실수했을 때 물러서지 않는 사람이다. 과오가 있었다면 진심으로 사과를 하고, 실수가 있었다면 바로잡을 줄 아는 사람이야말로 어른이라고 생각한다.

제목 '어른의 말' 앞에는 숨은 수식어가 있다. 바로 '닮고 싶은'이다. 누구나 겉보기 어른이 될 수는 있지만, 속 깊은 어른이 되는 일은 결코 쉽지 않다. 이 책에서 다룬 12명의 인터뷰이는 앞서 언급한 세 가지 어른의 요건을 충족하고도 남는 사람들이었다. 그래서 한 명 한 명 닮고 싶고 따라 하고 싶은 부분이 있다. 어떤 이와의 인터뷰는 기사를 작성하면서 바로 스르륵 존재감이 사라지지만, 어떤 인터뷰는 커다란 파고를 일으켜 내 삶을 통째로 뒤흔든다. 그런 인터뷰는 나를 더 괜찮은 어른, 내가 되고 싶은 내가 되는 데에 날개를 달아주었다. 독자님들에게도 부디 이 책의 언어가 그렇게 작용하기를 바라는 마음이 간절하다.

인터뷰어로서 내놓는 첫 인터뷰집이다. 본업에서 내놓는 첫 책이라 많이 설레고 떨린다. 어떤 인터뷰는 꽤 맘에 들지만 어떤 인터뷰는 탐탁하지 않아서 처음부터 다시 쓰고 싶은 충동도 생긴다. 5년 전, 7년 전의 질문들을 보다 보면 '이 맥락에서 이런 질문밖에 못 던진다고?', '지금 하면 더 잘할 수 있을 텐데' 하는 마음이 들기도 한다.

하지만 그 시절의 나를 온전히 인정하기로 했다. 이어령 선생님은 말씀하셨다. 분칠하지 말라고. 여덟 살은 여덟 살 인생으로 온전하고, 서른 살은 서른 살 인생으로 완전하다고. 어린이는 덜 자란 어른이 아니라 어린아이 그 자체이듯, 나의 첫 인터뷰집 역시 부딪히고 깨지고 방황하던 시절의 나까지 오롯이 담고 있다. 완벽보다 완전을 추구하는 것, 불완전하고 찌그러져도 있는 그대로의 나를 감싸안는 것. 이 또한 나의 인터뷰이들에게 배운 교훈이다.

인터뷰를 통해 나는 무엇보다 사람을 얻었다. 이 책에 실린 인터뷰이 중 절반 이상은 진심의 대화를 나누는 생의 친구가 되었다. 누가 일터에서 만난 사람과는 친구가 될 수 없다고 했나. 마음을 주지 말라고 했나. 나는 인터뷰이들에게 망설이지 않고, 재거나 따지지 않고 진심을 듬뿍 전하면서 나의 일을 더 잘할 수 있게 되었다. 진심을 건네면 진심이 돌아온다. 진심의 대화는 그렇게 힘이 세다.

　이 책은 그러니까 생의 고수들이 진심을 다해 건네준 언어의 정수들이다. 삶을 더 잘 살게 해 주는 나침반 같은 언어들이 빼곡하다. 일을 왜 해야 하는지, 자기다움을 어떻게 찾아야 하는지, 사랑과 이별 때문에 힘들 때나 시간의 효율성에 짓눌릴 때는 도대체 어떻게 대처해야 하는지 등, 생을 살아가다 돌부리에 툭 걸렸을 때 방향타가 되어 줄 생의 레시피들이다. 자기다움을 꿋꿋이 지켜 내면서 닮고 싶은 어른이 된 사람들. 그들이 건네는 언어가 부디 독자님들에게도 안개 같은 생의 여정에 반짝이는 작은 등대가 되어 주면 좋겠다.

　일하는 건지 노는 건지 분간이 안 갈 만큼 즐겁게 책을 만들어 주신 미류의 두 선배님, 우산 같은 남편과 엄마를 세상에서 가장 멋지다고 말해 주는 두 아들에게 존경과 사랑을 전한다.

2025년 여름
김민희

삶을 뒤흔든 열두 번의 만남

01

interviewee
이어령

keyword
나다움

sentence

"하루를 살아도 자기 머리로 살아야 하네"

이어령

'시대의 지성', '창조의 아이콘', '한국의 3대 천재'로 거론된다. 2022년, 88세로 세상을 뜨기 전까지 이 땅에 수많은 물리적·정신적 유산을 남겼다. 작가이자 문학 평론가, 언론인이자 교육자, 행정가이자 문화기획자로 전방위를 넘나드는 통섭형 지식인이었다. 88서울올림픽 개폐회식 총괄 기획 위원, 초대 문화부 장관, 이화여대 교수 등을 지냈다. 『흙 속에 저 바람 속에』, 『축소 지향의 일본인』, 『생명 자본주의』, 『눈물 한 방울』 등 300여 권의 책을 펴냈고, 금관 문화 훈장을 수훈했다.

스승은 떠나도 스승의 가르침은 남는다. 시대의 지성 이어령. 장관, 교수, 작가 등 다양한 수식어로 불렸던 그가 스스로 가장 좋아하는 호칭은 '선생'이었다. '교수님'도 아니고 그냥 선생님. 언젠가 그는 나와의 인터뷰에서 "나는 글을 쓰는 것보다, 언론인으로서 유명해지는 것보다, 대학 강의실 안에서 지적 교류를 하는 대학교수가 되는 것이 꿈이었어요"라고 말한 적이 있다.

그가 세상을 떠난 2022년 2월 26일을 기억한다. 토요일 오후였다. 문자와 카톡 메시지가 요란하게 울려 댔다. 지인들이 보내 준 선생님의 작고 소식이었다. 늘 세상이라는 텍스트를 앞서 읽어 온 그는, "3월에 나는 세상에 없을 거야"라는 말대로 마지막 순간까지 예언자가 되었다. 그의 장례식은 '문화부 오일장五日葬'으로 치러졌다. 예술 문화인을 그다지 우대하지 않는 한국 사회에서 드문 일로, 이어령 교수가 남긴 위대한 유산의 무게감을 알 수 있는 부분이다.

나는 운 좋게도 그의 가르침을 가까이에서 꽤 오래도록 들을 수 있었다. 이화여대 학부에서는 교양 과목 '한국인과 정보 사회'

와 '한국 문화의 뉴 패러다임'을, 대학원에서는 전공 과목 '기호학의 이해' 등을 수강했고, 언론인이 된 후에는 5년간 100시간이 넘는 인터뷰를 했다. 이 결과물은 2021년 『이어령, 80년 생각』으로 세상에 나왔다.

 100시간이 넘는 인터뷰는 인터뷰라기보다 사사師事에 가까웠다. 세상을 보는 눈을 다시 배우는 스승과의 대화. 선생은 "나처럼 생각하면 누구나 나처럼 될 수 있다"며 80여 년 동안 해 온 창조적 사고의 비밀을 털어놓았는데, 그가 펼쳐 보이는 말랑말랑한 생각들은 나에겐 단단한 죽비보다 매서웠다. 그는 질문을 수시로 던지며 모범생적인 사고에 갇힌 틀을 뿌리째 뒤흔들었다.

 "자네는 자네로 살고 있나?"

 "지금 하는 그 생각, 진짜 자네 머리로 하는 것 맞아?"

 "하루를 살아도 자기 머리로 살아야 해."

 "어제와 똑같은 삶은 용서할 수 없어. 관습적 삶을 반복하는 건 삶이 아니라네."

 나는 나로 서서히 다시 태어나는 느낌을 받았다. 그전에는 몰랐다. 내가 나로 살지 못했다는 사실을. 내가 나로 살아 있는 느낌은, 말하자면 시대와 사회와 환경이 부여한 단단한 훈訓의 알껍질을 빠지직, 하고 깨고 나와야 비로소 느끼는 생생한 박동감이었다. 늘 보던 풀과 꽃, 새와 나무, 아이의 웃음과 노인의 걸음걸이에 그토록 다채로운 몸짓과 표정이 있다는 걸 처음 알았다. 그리고 이념과 사상, 뉴스와 뜬소문을 넘어 존재하는 실체적 진실이 보이기 시작했다. 그런 것들이 새롭게 보일 때마다 나는 종종 눈물이 났다. 감격과 후회, 감사와 환희가 뒤섞인 눈물이었다.

이어령 선생님과 진행한 생전 마지막 인터뷰의 주제는 '나다움을 묻다'였다. 평생 타인을 샘내거나 흉내 내지 않고 '이어령다움'을 추구해 온 그에게 자기답게 사는 삶에 대해 묻고 싶었다. 그는 적혈구 수치가 낮은 상태라면서 들릴 듯 말 듯 작은 목소리로 힘겹게 인터뷰를 시작했다. 하지만 대화를 이어갈수록 음성은 오히려 더 카랑카랑해졌고, 전달하는 메시지에도 점점 힘이 실리면서 대화의 흥에 올라탄 것이 느껴졌다. 그랬다. 그는 한번 '말에 말을 거는 대화의 향연' 경지에 다다르면, 시공간을 잃은 듯 말의 춤을 춘다. 그 말의 춤은 흥과 꿈, 유머와 위트, 슬픔과 구원, 인류의 과거와 미래를 모두 담고 있다. 이어령 교수의 현재성과 육체성을 생생하게 전하기 위해 당시의 대화를 가급적 있는 그대로 전한다.

몸이 안 좋으신데도 인터뷰에 응해 주셔서 많이 감사드려요.

"내가 진즉 자네와 약속했잖아. 이 주제로 꼭 한 번은 인터뷰를 하겠다고."

오늘은 말씀드린 대로 '나다움'에 대해 여쭙고 싶어요. 선생님은 "하루를 살아도 자기 머리로 살아야 한다"면서 '자기 자신으로 사는 삶'의 중요성을 강조했지요. 나답게 산다는 건 어떻게 사는 건가요.

"한국말의 '답다'는 '다외다'라는 고어에서 왔어요. '되다'라는 뜻이지. 충담사의 「안민가」라는 작품을 보면 이런 구절이 나와요. '군君은 군이, 신臣은 신이, 민民은 민이.' 임금은 임금다워야 하고, 신하는 신하다워야 하며, 국민은 국민다워야 한다는 뜻이지. 이건 뭐 옛날 얘기니까 신하의 역할과 개념이 지금과 많이 달랐지만 말이야. 군주라고 다 군주가 아니고, 신하라고 다 신하가 아니라는 거지. 마찬가지로 선생답다는 건 선생이 되는 것이에요."

나답다는 건 결국 '내가 되는 것'이라는 말씀이군요.

"그렇지. 나답다는 건 하나의 목표예요. '나다워'라는 건 현실이 아니라 '이런 내가 되고 싶어'라는 지향점이야. 꿈과 이상, 정체성을 가지고 내가 되어 가는 존재, 그게 결국 인간이에요. 나다움을 추구하는 사람은 끊임없이 무언가를 시도하는 사람이고, 무언가가 되어 가는 존재야."

선생님이 언젠가 말씀하신 존재론과 생성론이 생각납니다.

"지금 하려는 얘기가 그 얘기예요. 먼저 문제 하나 낼까? 봄, 여름, 가을, 겨울은 있는 거예요, 되는 거예요?"

음…… 헷갈립니다. '있는 것' 아닐까요?

"어허~. 왜 그렇게 생각하지?"

자연 속에 이미 존재하는 것 같습니다.

"그렇다면 지금 봄이 있어야지, 없지 않나. 봄이 되고 여름이 된다고 하지, 봄이 있고 여름이 있다고 해요? 아니지. 자네 답은 틀렸어. 봄이 여름이 되고, 여름이 가을이 되고, 가을이 겨울이 되는 거지. 반면에 산과 강은 존재해. 늘 그곳에 있잖아. 정리하자면 '있다'는 존재론이고 '되다'는 생성론이에요. 아무리 훌륭한 것이라도 만들어진 것은 이미 '있는' 거예요. 다이아몬드도 제왕의 의자도 다 '존재'하는 것이지. 반면 변화하면서 무언가가 '되는' 것은 생성론이라네. 생성론을 떠올리니 저 유명한 서정주의 시 「내가 돌이 되면」이 생각나는군.

내가 돌이 되면 / 돌은 연꽃이 되고 / 연꽃은 호수가 되고 / 내가 호수가 되면 / 호수는 연꽃이 되고 / 연꽃은 돌이 되고"

아! 자연도, 인간도 한 곳에 머물지 않고 끊임없이 변화하면서 흘러가는 풍경이 그려져요.

"재미있는 비유 하나 더 들려줄까? 한국말에는 욕에도 차원이 있어요. '도둑놈'은 욕이지만 '못된 놈'은 욕이 아니야. 왜 그런지 알아요?"

알 것 같아요. 전자는 존재론적인 욕이고, 후자는 생성론적인 욕이군요(웃음).

"허허. 그렇지. '너는 도둑이야' 하면 영락없는 도둑이라는 말이에요. 에누리 없이 욕이지. 하지만 '넌 못된 놈이야' 하면 욕이 아니에요. 아직 '못 됐'으니 되면 되니까. 언젠가는 바라는 무언가가 될 수 있다는 가능성을 내포한 말이에요. 그렇게 보면 우리 조상들은 욕도 참 점잖게 하셨어. 그러니까 뭔가가 된다는 건 변하는 것이지, 결정론이 아니야. 오늘날 젊은이들에게 하고 싶은 말도 이 맥락이에요. 자기를 규정하지 마세요. '나는 김씨다', '아이큐가 몇이다', '무슨 대학 나왔다', '어디 회사 다닌다'는 등, 명사형의 존재론으로 표현해 버리면 미래가 없어요. 대신 내가 뭔가가 된다는 동사형의 생성론으로 생각하세요."

나다움이라는 건 결국 존재론이 아닌 생성론 차원에서 바라봐야 하는군요.

"그렇지. 나를 이미 결정해 놓으면 나다움은 없어요. 내가 되고 싶은 나를 설정해 놓고, 내가 되려고 하는 나가 곧 나인 셈이지. 그게 곧 나다움이고. 결국 우리는 나다움에 죽을 때까지 도달할 수 없어요. 내가 나답다는 건, 나라는 건 존재하지 않는데 '나'라는 절대를 만들어 놓고 끝없이 도달하려 하고 '~다워'지려고 하는 것이에요. 그게 바로 인간이지. 그래서 우리는 절대 완벽한 인간이

> 자기를 규정하지 마세요.
> '나는 김씨다', '아이큐가 몇이다',
> '무슨 대학 나왔다', '어디 회사 다닌다'는
> 명사형의 존재론으로 표현해 버리면 미래가 없어요.
> 대신 내가 뭔가가 된다는
> 동사형의 생성론으로 생각하세요.

될 수 없어요. 내가 완벽한 인간이 될 수 있다고 생각하고 그 절대적인 '나'에 자신을 비춰 보면 전부 절망하고 포기하고 말지."

끝끝내 도달할 수 없다는 걸 알면서도 끝없이 도전하는 존재라. 시시포스의 신화가 떠오르면서 한편으로는 애달프고, 한편으로는 다행이라는 생각도 들어요. 끝없이 추구해야 할 무언가가 있다는 자체가 생에 안도감을 주잖아요.

"그렇게도 볼 수 있지. 인간은 도전하는 과정에서 의미를 찾는 존재니까. 그러니까 인간은 평생 살아도 내가 될 수 없어요. 나에 가까워지는 내가 있을 뿐. 어느 정도 가까워졌는가가 척도가 된다고 할 때, '근사하다'는 말만큼 멋진 찬사가 없지."

그렇다면 선생님은 이어령다움, 혹은 이어령에 얼마나 근사하게 와 있으세요?

"내가 생각하는 이 아무개다움(그는 자신을 이렇게 지칭한다)이란 끝없이 질문하는 존재예요. 모르는 나, 호기심이 있는 나, 알고자 하는 나가 있을 뿐이지."

어렸을 때 서당에서 천자문을 배우던 중 '하늘이 왜 검나요?' 하고 훈장님께 따져 묻다가 쫓겨난 일도 있으셨죠.

"맞아. 엉뚱한 질문을 한다고 어른들한테 구박도 많이 받고 혼났지. 혼나면서도 나는 그런 반응에 굴하지 않았어요. 지적 호기심이 워낙 커서 혼나는 걸 각오하면서도 그걸 꼭 물어봐야 했으니까."

요즘 선생님의 질문의 대상은 뭔가요.

"죽음이지. 죽음은 누구나 무서워하는 대상이에요. 죽음이 무섭지 않은 사람이 어딨겠어. 그 죽음이 무서우면서도 나는 죽음에 대해 질문하고 있어요. '죽음이라는 게 대체 뭐지?', '내가 암이라고?', '암이 뭔데?' 하면서 죽음이라는 대상에 대해 호기심을 품고 마지막 지적 탐험을 하고 있어요. 2021년에 김민희 기자가 쓴 『이어령, 80년 생각』이 나왔잖아. 그게 나예요. 나는 죽는 날까지 글을 쓰고 싶어. 그게 이어령다움인 거지."

참…… 의연하십니다.

"그런데 말이야, 자신이 없어. 죽음 앞에서 무너질까 봐. 이어령답지 않은 죽음을 맞이할까 봐……. 지금까지는 의연했는데 막상 죽음 앞에서 공포에 떨까 봐, 그게 불안해요."

자신이 없다니, 외롭다니, 무섭다니……. 그간 보아 온 선생님의 모습과는 달랐다. 낯설었다. 한편으로는 당혹감도 피어올랐다. 그 당혹감의 실체를 한참 동안 들여다보다가 이런 생각이 들었다.

'이어령다움'이 깨질 것에 대한 염려가 아닐까.

 제자로서, 동시대인으로서 내가 바라본 이어령다움은 의연함과 품위, 자존심과 명예였다. 어떤 상황에서도 촛불처럼 팔락거리지 않고, 저 멀리 등대처럼 한결 같은 불빛을 비춰 주길 바랐다. 흔들리지 않고 내가, 우리가, 이웃이, 인류가 지향해야 할 시대의 가치를 제시해 주는 궁극의 어른이길 바랐다. 혼란한 시국에서 방향을 잃고 헤맬 때마다 달려가서 "우리는 지금 어디로 가야 하나요?"를 물을 수 있는 질문의 책 같은 어른이길 바랐다.

 추상적 죽음이 아닌 물리적 죽음을 말하는 선생은 낯설었다. 존재론적 죽음이 아닌 실체적 죽음을 말하는 선생은 이제껏 못 보던 모습이었다. 나는 속상한 마음을 어쩌지 못하고 질문의 방향을 틀었다. 선생은 이런 나의 당황스러움을 눈치챘는지, 인간적으로 나약한 모습을 거두고 다시 궁극의 어른 모드로 돌아와 말을 이었다.

 선생님은 "80억 지구인 중 나처럼 생각하는 사람은 나밖에 없다"면서 "나다움을 지키라"고 강조하셨지요. '나다움'이라는 말은 이제 닳고 닳은 말처럼 유행어가 되었어요. 대체 나다움을 지키는 것이 왜 중요한가요.

 "그건 벽돌담과 돌담의 차이를 보면 알 수 있어요. 벽돌은 부서지면 똑같은 규격의 다른 벽돌로 대체할 수 있지. 하지만 돌멩이는 달라요. 아무리 찌그러진 돌이라도 이 세상에는 그것과 똑같은 게 없어요. 돌이 하나 없어지면 이 지구에서 그런 돌이 하나 사라지는 거예요. 나답게 산다는 건 내가 늘 얘기하는 '온리 원Only One', 그 사람만이 가지고 있는 것을 잃지 않고 산다는 거예요. 남과 구별됨으로써 자기만의 삶을 살 수 있어요."

하지만 문명의 속도전 한복판에서 헉헉거리다 보면 타인의 기준을 좇기 쉬운데요.

"내가 나다워지려면 끝없이 너라는 대상, 즉 나 아닌 다른 대상을 생각하게 돼요. 사막에서 혼자 사는 게 아니기 때문에 어쩔 수 없지. 그래서 나다워진다는 건 이미 너를 의식한다는 거예요. 너를 알고 있어야 나답지, 너를 모르는데 어떻게 나다울 수 있겠어요. 남자다우려면 여자를 먼저 알아야 하는 것과 마찬가지예요. 그래서 타인을 의식하는 건 나다운 삶을 위해 중요하지. 다만 자신만의 뭔가를 구축하려는 태도가 필요해요. 현실주의자가 아닌 구축주의자의 시선 말이야."

현실주의자와 구축주의자는 어떻게 다르죠?

"현실주의자는 정형화한 틀이 있어요. 물이 0도에서 얼고 100도에서 끓는다는 식이지. 리얼리즘 세계에서는 다 똑같아요. 배고프면 도둑질하고, 약자를 보면 강자가 지배하려 들지. 그런데

"
아무리 찌그러진 돌이라도
이 세상에는 그것과 똑같은 게 없어요.
돌이 하나 없어지면
이 지구에서 그런 돌이 하나 사라지는 거예요.
나답게 산다는 건 내가 늘 얘기하는
'온리 원(Only One)',
그 사람만이 가지고 있는 것을 잃지 않고 산다는 거예요.
남과 구별됨으로써 자기만의 삶을 살 수 있어요.
"

구축주의자는 이미 존재하는 틀로 세상을 바라보는 것이 아니라, 자기만의 시선과 가치관으로 삶을 창조해 나가요. 유치원에 있는 아이들한테 각설탕을 줘 봐요. 그걸 먹는 아이가 있는가 하면 가지고 노는 아이가 있지. 가지고 놀더라도 수직으로 쌓는 아이, 동그랗게 쌓는 아이 다 달라요. 각설탕 하나는 모양도 똑같고 맛도 똑같은데, 그걸 가지고 놀게 되면 전부 다른 모양의 각설탕 레고가 탄생해요. 나답게 사는 사람은 각설탕을 먹지 않아요. 그걸로 구축해 나가지. 이 세상에 하나밖에 없는 모양으로 쌓아 가는 거예요. 그러니까 의식주와 돈, 권력을 추구하는 건 '그'다운 게 아니야. 누구나 다 돈 좋아하고 권세 좋아하고 뻐기고 싶어 하니까."

사회가 각박해진다고들 하지만, 스티븐 핑거의 『우리 본성의 선한 천사』나 한스 로슬링의 『팩트풀니스』에서 데이터로 증명하듯, 우리 사회는 분명 점점 선진화되고 평화를 추구하는 사람들이 많아지고 있잖아요. 그렇다면 문명의 시계는 구축주의의 시선으로 사는 개인주의자가 많아지는 쪽으로 흐르겠어요.

"물론 점점 구축주의 시선으로 살아가는 개인주의자가 늘어날 테지. 하지만 극한의 전쟁 상황이나 코로나 시국처럼 비상 시국에서는 행동들이 엇비슷해요. 내가 살기 위해 또 타인을 보호하기 위해 마스크 쓰고, 백신 주사 맞고, 정해진 인원만 만나고, 만인에 의한 만인의 감시 사회가 되고, 거리 두기를 하지. 그런 상황에서는 각자의 나다움을 추구하기 힘들어요. 그래서 사회의 안정이 중요한 거예요. 국가와 사회가 큰 문제없이 작동하고 평화가 유지돼야 비로소 자유가 보장되고 개인이 개인다움을 추구할 수 있게 되니까."

자유와 평화가 보장된 현대 사회에서도 개인은 격자무늬의 창틀로 세상을 바라보기 쉬운 것 같아요. 특히 한국식 교육은 고정 관념과 틀을 강화하는 측면이 있지요. 그 틀을 걷어 내고 있는 그대로의 나, 더 나다운 삶에 가까운 삶을 꾸리려면 어떤 태도가 필요하다고 보세요?

"의식적으로 나다워지는 건 없어요. 걸음걸이만 봐도 그렇지. 똑같이 걷는 사람은 단 한 사람도 없어요. 먼 데서 다가와도 걸음걸이만으로 누구인지 식별할 수 있잖아. 그걸 그 사람이 의식하고 걸어요? '어깨를 축 늘어뜨리고, 손은 이렇게 흔들면서' 식으로? 아니잖아요. 무의식적으로 걷는 거예요. 무의식 속에 자기가 드러나는 것이지. 그러니까 나답다는 것도 의식하면 어깨에 힘이 들어가고 나다워지지 않아. 그저 일상생활에서 끝없이 꿈꾸고 실천하고 부딪히면서 나다워지는 것이지. 그래서 사막에 있는 선인장은 사막에 있어야 선인장다워지는 거예요. 그걸 정원에 가져와서 물을 줘 봐. 다 죽잖아. 선인장의 선인장다움은 뜨거운 사막에서 사는 거야. 남들이 불행하다고 생각해도 그게 그에게는 행복인 게야. 그러니까 두려울 게 없지. 나다움의 세계는 나만의 세계예요. 남들이 어떻게 보든 자기만의 최적의 세계. 권력 욕심 없는 사람을 왕 시켜 봐. 그처럼 불행한 일이 없어요."

한국인과의 상관관계도 궁금합니다. 한국인은 자기 머리로 생각하는 힘이 약한 편인가요?

"그렇지 않아요. 한국 사람이 의심이 많지. 한국 환자들처럼 의사 말 안 듣는 사람도 드물다고 하잖아요. 무조건 의심하고 보는 게 한국인이에요. 개성이 강하고 각자 자기가 잘났다고 생각하는 민족이지. 모든 면에는 장단점이 있듯, 이것도 마찬가지예요. 우선 단점부터 보자면, 한국 사람들은 남의 말을 잘 안 듣고 잘 안 따라요. 그래서 팔로워십이 약하지. 우리가 지금 나다워져라, 온리 원이 되라고 하는 것도 팔로워십 가르치는 게 아니에요. 개인주의를 가르치는 것이지. 하지만 장점도 많아요. 각자가 자기의 개성을 지키면서 살아왔기 때문에, 우리처럼 사는 게 옳은 것이기 때문에 세계인을 사로잡은 BTS(방탄소년단)도 나오고, 글로벌 군무가 된 싸이의 말춤도 나온 거예요. 결국 이런 개성과 나다움이 우리 사회의 발전 요인이 된 것이지. 한국인의 약점이라고 생각한 것이 긍정적으로 발현한 거예요."

한국인에게는 나다움의 DNA가 내재돼 있군요.

"그 서로 다름의 개성으로 우리는 아름다운 돌담을 쌓아야 해요. 시골의 돌담을 봐요. 하나가 쏙 나왔으면 다른 하나가 쏙 들어가서 서로 맞물리며 튼튼한 구조를 이루지. 똑같은 벽돌로 쌓으면 벽돌담밖에 안 돼요. 러시아나 중국처럼 전체주의로 흐르는 것이지. 내가 나다워야, 개성이 있어야, 차이가 있어야 서로의 개성과 개성이 어우러져서 자연스럽고도 아름다운 돌담이 만들어지는 거예요. 각자의 나다움을 인정하면서 서로가 서로의 부족함을 채워줄 때, 그때 비로소 진정한 한국식 커뮤니티를 완성할 수 있어요."

선생님만의 '다름'은 어디에서 연유한 것인지 문득 궁금합니다. 창조의 아이콘이 되셨고, 80대가 되어서도 창조를 멈추지 않으셨지요. 책의 힘일까요.

"책을 많이 읽은 것도 있지만, 더 중요한 건 지적 호기심이 많았다는 것이지. 나는 궁금한 것은 도저히 못 참았어요."

지적 호기심은 어떻게 탄생합니까. 선천적인 면도 꽤 큰 거 같아서요.

"선천적인 부분도 있지만, 모든 어린아이들에겐 다 있는 것이에요. 내 특성이 있다면, 유년 시절의 상상력과 호기심, 반짝이는 어린아이의 눈동자를 잃지 않았다는 것이지. 젊은이들에게도 이 말을 해 주고 싶어요. 어린아이의 빛나는 눈동자, 지적 호기심, 창조적 상상력을 잃지 마세요. 그러면 일터를 찾는 게 아니라 만들 수 있고, 내 인생을 바깥에서 구하는 것이 아니라 내 안에서 새로운 세계를 열 수 있어요. 이미 만들어 놓은 걸 차지하려 하니까 남과 경쟁하고 싸우게 되는 것이지요. 만들어진 의자에 앉으려는 사람이 아니라 의자를 만드는 사람이, 우물물을 마시려 하는 사람이 아니라 우물을 파는 사람이 되길 바랍니다."

아……(한동안 침묵). 선생님의 혜안을 받아들일수록 슬픔과 아쉬움이 휘몰아쳐요. 어른 실종 시대라고 하지만, 품위 있는 어른의 지혜를 기다리는 젊은이들이 많아요. 그런데 선생님의 남아 있는 시간을 생각하면…….

"슬퍼하거나 아쉬워할 필요 없어요. 지혜는 나이에 비례하는 것이 아니니까. 노인이건 젊은이건 간에 드론의 시선으로 굽어보면 큰 차이가 없어요. 나는 항상 인간의 삶이라는 기저에서 이야기를 해 왔지, 같은 지평에서 이야기를 해 온 게 아니에요. 위에서 내려다보면 노인이건 젊은이건 다 같은 차원의 삶이지. 차원을 달리해서 저 위에서 내려다보면 높은 건물이 없어요. 시선의 높이가 곧 삶의 높이예요. 자신의 시선을 얼마나 높은 곳에 두느냐가 삶의 깊이와 넓이를 결정하지. 나이와 상관없이 시선의 눈높이를 높이 두는 삶을 지향하세요."

우리는 모두 각자의 시선으로 세상을 바라봅니다. 그 시선의 높이를 달리해서 본다는 것은 쉬운 일이 아니에요.

"다른 시선으로 보려면 관점을 바꿔야 하지. 재밌는 얘기 하나 해 줄까? '어디에도 없다'는 '모든 곳에 있다'와 한 끗 차이예요. 자, 봐요. 'No where'와 'Now here'. 띄어쓰기를 달리해서 보니까 완전히 반대말이 되지. 얼마나 재밌어요? 똑같은 것도 달리 보면 다른 세상이 있다는 거예요. 인간의 사고 프레임 밖으로 나가면 다른 세상이 나타나요. 이걸 잡으면 천의무봉天衣無縫, 끝없이 새로운 사고를 할 수 있게 돼요. 초월적 사고를 해야 비로소 새로운 세상이 펼쳐지는 것이지. 내 삶은 고귀하고 영롱한 것이에요. 남들이 뭐라든 나다운 삶을 살아가길 바랍니다."

이어령 선생님과의 마지막 인터뷰는 이렇게 종지부를 찍었다. 인터뷰를 한 지 석 달 후, 선생님은 결국 세상과 작별했다. 작고하시기 열흘 전쯤 선생님을 찾아뵈었다. 나는 이토록 품위 있게 저무는 생을 본 적이 없다. 석 달 전 인터뷰에서 죽음 가까이에서 벌벌 떨면서 두려워할까 봐 걱정하던 이어령은 거기에 없었다. 곡기를 거의 끊은 상태라 뼛가죽만 앙상했지만, 눈빛은 형형했고 어휘는 고매했으며 표정은 편안해 보였다. 인간다움에도 실체가 있다면, 선생님의 지금 모습이야말로 인간다움의 정점이 아닐까 싶었다. 선생님은 거룩한 반짝임으로 한 단어 한 단어 힘겹게 이었다.

"놀라지, 말아요. 이런 모습을, 보이고 싶지, 않았는데……. 꼭, 보고 싶은, 사람이 있어서 (불렀어요)……. 내가 지금, 인풋과 아웃풋이, 잘 안 돼요. 오늘이, 외부인을, 만날 수 있는, 임계점 같아. 내 삶에, 지혜와 성실을, 일깨워 준, 영원한 대화를, 하게 해 준, 동반자, 고마웠어요."

임계점이라니……. 선생님은 그 순간에도 지적 호기심을 잃지 않았던 것이다. 흐릿한 생명선이 명멸하듯 깜빡이는 와중에도 자신을 타자화해서 '관찰'하고 있었다. 나의 생각은 언어로 잘 표현되고 있는지, 이 말이 타인에게 잘 전달되고 있는지, 그리고 과연 남아 있는 시간은 얼마나 될지를 끊임없이 의식하는 것으로 보였다. 노는 게 재밌어서 잠이 와도 절대 잠들지 않으려는 꼬마 아이처럼, 선생님은 그렇게 매순간 깨어 있으려 안간힘을 쓰는 것 같았다.

그날 나는 눈이 퉁퉁 붓도록 울었다. 마스크 안에서 콧물이 눈물과 범벅이 돼 목을 타고 흘러내리는 게 느껴졌지만 닦을 생각조차 들지 않았다. 생전에 뵙는 마지막 모습이라는 걸 직감했기에 이 순간의 모든 것을 밀도 있게 느끼고 싶었다. 평소라면 휴대폰을 꺼내 선생님 사진을 찍고 동영상을 남겼겠지만, 이날은 그럴 수 없었다. 렌즈라는 필터를 거치고 싶지 않았다. 시간이 없었다. 육체성을 가진 인간만이 나눌 수 있는 최후의 대화를 온몸의 세포를 동원해 주고받고, 그 감각을 온전히 간직하고 싶었다.

　인사하고 돌아서서 나오면서도, 신발을 신으면서도 선생님에게서 눈을 떼지 않았다. 들숨과 날숨을 내쉬는 선생님의 옆모습은 평온해 보였다. 거실의 미닫이문이 점점 닫혔고, 선생님의 모습이 점점 작아지더니 문틈으로 사라졌다. 닫힌 문을 바라보며 겨우 참았던 속울음을 터뜨렸다. 목울대가 뻐근하게 아팠다. 그렇게 문 앞에서 한참을 울었다. 이후 다시 선생님을 뵌 건 장례식장에서였다.

　"천편일률적인 벽돌이 아니라, 세상에 하나뿐인 돌멩이로 남으세요. 그리고 다름이 어우러진 아름다운 돌담을 만들기 바랍니다."

　생전 마지막 인터뷰에서 선생님이 건네준 문장들이다. 들쭉날쭉한 돌들이 맞물린 시골의 낮은 돌담을 떠올리며 '이어령다움'을 생각해 본다. 죽음 앞에서 죽음을 질문하는 삶은 어떤 삶일까. 육체의 고통 앞에서도 인간의 고매함을 끝끝내 지켜내고자 하는 삶은 어떤 삶일까. 하이데거는 언어를 존재의 집이라고 했던가. 그 삶의 경지를 언어라는 존재의 집에 가두기엔 한없이 좁으리라.

　다만 이것만은 알 것 같다. 가닿을 수 없다는 걸 알면서도 끊임없이 무언가를 넘어서고자 하는 그 눈빛의 의미. 그것은 거대한 난해함 앞에 선 절망이 아니었다. 한없는 호기심으로 어떤 경지를 뛰어넘어 버린 위대한 구도자求道子의 아름다운 눈빛이었다. "내 삶은 물음표와 느낌표를 시계추처럼 오가는 삶이었어"라던 선생의 말이 귓전을 맴돈다.

선생님과의 시간을 돌이켜 본다. 내 삶은 이어령 선생님 인터뷰 프로젝트를 하기 전과 후로 나뉜다. 그 위대한 유산의 힘에 대해서는 시간이 지날수록 점점 더 크게 깨닫는다. 선생님이 내게 해 주신 건 담금질이었다. 스스로 알을 깨고 부화하라고, 그 좁은 인식의 틀에 갇히지 말고 진짜 네 영혼이 일렁이는 무한대의 세계로 나오라고 끊임없는 담금질을 하셨다는 걸 알겠다. 이후 나는 서서히 영혼의 빅뱅을 경험했다. 조용하면서 느린 폭발. 내 안의 세계가 우주적 자아로 확장되는 경험을 했다. 자유롭고 편안하며 어디라도 닿을 수 있을 것 같은 기분이 든다. 나는 비로소 내가 되어 가고 있다. 내가 온전한 '나'가 되어 보지 않고는 그전의 내 생각이 진짜 내 생각이 아니었다는 걸 깨닫지 못한다.

선생님은 평생 발견자의 시선으로 사셨다. 탁월한 안목으로 그 사람만이 가진 재능과 잠재력을 알아보고, 그 재능을 끄집어내 세상에 알려지게 했다. 그런 사람이 수십 명에 달한다. 비디오 아티스트 백남준의 후원회를 만들었고, 화가 이우환, 바이올리니스트 사라 장(장영주), 소설가 김승옥과 박완서 등의 재능을 한눈에 알아보고 음양으로 후원한 일이 대표적이다.

선생님은 내게도 발견력을 가동하셨다. 선생님은 내게 유언

같은 숙제를 남기셨다. 한국에 평전 장르를 넓히라는. 우리 사회가 진정 창조적 사회가 되기 위해서는 창조적 개인을 알아보는 눈 밝은 사람이 많아져야 한다는 말씀이었다. "내가 보니 말이야, 자네는 좋은 평전 작가가 될 수 있는 자질을 지녔어"라면서 조목조목 근거를 말씀하셨다. 첫째, 저널리스트 출신이라 철저한 팩트에 의거한 글쓰기를 하고 둘째, 문장이 유려하고 아름다우며 셋째, 자기를 내세우지 않는다는 것이 그 근거였다. 소위 '이어령 인증' 이후로 나는 조금씩 달라지고 있다. 나의 가능성을 믿고 조금 더 당당해지기로 했다. 늘 부족하다고, 준비가 안 됐다며 뒤로 숨던 김민희에서, "안 해 봤지만 해 보겠습니다"를 외치는 김민희가 되기로 결심했다.

이어령 선생님과의 인터뷰 프로젝트 이후로 나는 눈이 커진 것을 느낀다. 전에는 잘 보이지 않던 타인의 탁월성이 보이고, 자주 감탄한다. 그리고 그 탁월성에 이름을 붙여 주고 싶다. 선생님이 남겨 주신 위대한 유산이다. 나는 스스로 빛을 내는 발광체를 가진 사람이라기보다, 타인을 더 밝게 빛나게 해 주는 반사판을 가진 사람이라는 걸 알게 되었다. 이 반사판으로 누군가의 재능을 더 환하게 비출 수 있다면, 나의 나다움에 꽤 근사하게 다가간 삶이지 않을까.

우리는 종종 타인을 통해 발견된다. 나보다 나의 빛나는 부분을 더 잘 볼 줄 알고, 나만의 색으로 환하게 빛날 수 있도록 돕는 타인. 참어른은 그런 존재가 아닐까. "너는 고유한 날개를 품고 있어. 아직 날갯짓을 하지 않았을 뿐"이라고 말해 주는 든든한 응원군.

"
꿈과 이상, 정체성을 가지고
내가 되어 가는 존재,
그게 결국 인간이에요.
나다움을 추구하는 사람은
끊임없이 무언가를 시도하는 사람이고,
무언가가 되어 가는 존재야.
"

삶을 뒤흔든 열두 번의 만남

02

interviewee
최인아

keyword
일

sentence

"내 이름이 브랜드가 되고 싶었다"

최인아

최인아책방 대표. 제일기획 카피라이터와 크리에이티브 디렉터로 일하면서 삼성그룹 최초 여성 부사장을 지냈다. '그녀는 프로다. 프로는 아름답다', '당신의 능력을 보여 주세요' 등의 카피를 썼다. 칸 국제 광고제 심사 위원을 지냈으며, 『프로의 남녀는 차별되지 않는다』, 『내가 가진 것을 세상이 원하게 하라』를 펴냈다. 한국 사회에 '생각의 힘'을 구축하는 일, 사색과 모색이 무르익는 일에 심혈을 기울이고 있다.

최인아 대표는 한 일간지에 '내 이름 석자가 브랜드'라는 제목의 칼럼을 쓴 적이 있다. 당시 그는 스타 카피라이터이자 제일기획 전무였다. 주요 내용은 이렇다.

나는 '브랜드'에 주목한다. 브랜드라고 하면 우리는 삼성이나 벤츠, 샤넬 같은 단어를 우선 떠올린다. 그러나 그런 것만이 브랜드는 아니다. 이름을 걸고 일하는 우리 각자가 다 브랜드다. (중략) 자신을 브랜드로 보게 되면 일을 대하는 태도도, 스스로에 대한 평가도 달라질 수밖에 없다. 시장 전체에서 자신의 브랜드 파워는 어느 정도인지, 자신의 브랜드는 어떤 가치를 발생시키고 있는지 점검하게 된다. 이름 석 자에 걸린 신뢰를 지키려 애쓰게 되고, 긴 승부를 생각하게 되는 것이다. 당장의 연봉이 문제가 아니라 지금 어디에서 무엇을 하고 있어야 계속 브랜드 파워를 쌓고 장차 그 분야의 파워 브랜드가 될지를 기준으로 놓고 일하게 되는 것이다.(조선일보 2007. 8. 19)

'퍼스널 브랜드'라는 개념이 본격적으로 부상한 것은 2010년대 중후반부터다. 미디어 환경의 변화로 1인 미디어 시대가 열리면서 각자가 브랜드인 시대가 도래한 것이다. 그런데 이 칼럼이 게재된 건 2007년, 최인아 대표의 시각은 무려 10년 정도 앞서 있었다. 그는 시대를 먼저 읽어 낸 선각자일까. 매년 신조어가 뜨고 지는 트렌드 격변의 시대, 그는 트렌드 리더나 트렌드 세터일까.

나는 그렇게 생각하지 않는다. 최인아 대표가 일찌감치 주목한 것은 '세상'보다 '나'였다. '밖'이 아니라 '안'을, 시시각각 '변하는 트렌드'보다 '변하지 않는 본질'에 더 무게추를 두었다. 세상의 변화에 휩쓸리기보다 자신의 마음을 존중하고 들여다보면서 '자신의 이름 석 자가 파워 브랜드가 되고 싶다'는 태도로 일해 온 최인아. 그는 결국 자기 삶의 예언자가 되었다. 스스로의 바람대로 '최인아'라는 이름은 그 누구도 범접할 수 없는 파워 브랜드로 우뚝 섰다. 게다가 그의 브랜드 파워는 점점 강해지고 있다. 광고계에서 카피라이터로 일할 때에도 '최인아'는 이미 유명했지만, 2016년 8월, 강남 한복판에 '최인아책방'을 연 이후 최인아라는 브랜드 파워는 점점 더 강해지고 있다. '점점 더 책을 읽지 않는 시대', '동네 서점 생존 주기 평균 2년'이라는 통계가 무색하다.

이제 최인아책방은 '우아하고 지적인 사색의 공간'이자 '저자들이 북토크하고 싶은 로망의 공간'으로 자리 잡았다. 고 이어령 교수는 최인아책방을 "강남의 자존심이자 지식인들의 자부심"이라고 표현했다.

최인아 대표가 지나온 시간을 들여다보면 그는 무언가를 '되게' 하는 사람이라는 것을 알 수 있다. 모두가 "안 된다", "망한다"고 하는 것에 도전해 결국 해내는 사람. 생각만 하는 것과 행동으로 옮기는 건 다른 문제다. 그리고 행동으로 옮기는 것과 그것이 되게 하는 건 또 다른 문제다. 남들이 안 된다는 걸 과감히 옮기는 저 용기는 어디에서 온 걸까. 불가능해 보이는 것을 되게 하는 힘은 과연 무엇일까.

───•●•───

삼성그룹 최초의 여성 부사장직을 스스로 그만두었지요. 그것도 가장 박수 받는 순간에. 결심의 순간이 궁금합니다.

"40대 초반부터 내가 주목한 건 시간이었어요. 시간이 줄고 있다는 자각이 아주 선명하게 다가왔습니다. 돈에 비유하자면 추가 수입 없이 통장 잔고에만 의지해 사는 삶이었어요. 잔고가 줄어들고 있다고 생각하면 돈을 아껴 쓰게 되잖아요. '시간이 줄어드는데 이렇게 쓰는 게 맞나?' 하는 생각이 강했어요. 우리는 번아웃을 겪거나 큰 계기를 만나면 보통 '어떻게 살지?' 하는 질문을 하게 되잖아요. 이 질문은 추상적이어서 생각의 출발점을 발견하기 어려워요. 생각을 바꿔 봅니다. '앞으로도 이렇게 살아도 될까?'

로. 그렇게 생각하니 회사를 그만두는 게 아주 어렵진 않았어요."

월급이라는 안정적인 수익을 포기하기 쉽지 않았을 텐데요.
"쉽지 않았지만, 끊어 냈어요. 스스로에게 '잘했어' 합니다."

회사를 그만두고 후회하진 않았나요? 먼저 퇴사한 선배들은 대부분 "회사 밖은 추우니 버텨라"고들 합니다만.
"퇴사를 후회한 적은 없어요."

한 번도요?
"네, 단 한 번도요(웃음). 잘 나왔다고 생각해요. 보통 회사 밖은 춥다고들 하는데, 나에게 퇴사는 어디가 춥고 따뜻하고의 문제가 아니었습니다. 앞서 말했듯 시간에 대한 질문과 맞닿아 있었죠. 당시 삼성 이건희 회장은 삼성에서도 여성 사장이 나와야 한다고 했고, 실제로 내 이름이 하마평에 오르내리기도 했어요. 하지만 나는 만약 사장이 되더라도 그건 내가 잘할 수 있는 일이 아니라고 판단했습니다. 당시 광고계는 디지털 트랜스포메이션이 화두였어요. 에너지와 시간을 아주 많이 쏟아야 따라잡을 수 있는 상황이었어요. 그때 내가 나에게 던진 질문은 '너 거기에 에너지를 그렇게 쏟을래?', '네 시간을 그렇게 보낼래?'였어요. 답은 '노' 였죠."

자문자답하면서 답을 찾아가는군요.

"후배들이 종종 찾아와 물어요. '창업을 할까요, 말까요' 하고. 그러면 저는 이렇게 답합니다. '그건 질문이 아니에요. 자네에게 중요한 건 뭐지? 연봉이야? 기회를 갖고 성장하는 것? 아니면 워라밸?' 식으로요. '회사를 계속 다녀도 될까?'는 자기 고민이 아니에요. 타인의 기준을 따라서 붕 떠 있는 상태의 고민이죠. 그러면 답이 안 나옵니다."

스스로에게 질문을 계속하다 보면 '이거구나!' 하는 답변이 떠오르나요? 그 답은 언제, 어떻게 찾아옵니까?

"많은 경우 우리 고민은 '어떤 것이 나에게 유리할까?' 혹은 '나에게 더 좋을까?'죠. 물론 이 질문도 중요하고 필요합니다. 하지만 마흔 살 이후에는, 즉 반생 정도를 산 이후엔 스스로 납득할 수 있는 결론에 도달할 수 있어야 한다고 생각해요. 그러기 위해서는 '지금처럼 계속 살 거야?'를 물어야 합니다. 그 질문을 품고 돌아나는 생각을 지웠다가 새로 들였다가 하면서 숙성시키다 보면 '아~ 이거구나' 하는 답이 찾아옵니다."

질문을 '하다'가 아니라 '품다'라고 하는군요.

"질문을 품으면 발효가 일어나요. 콩이 발효되면 메주가 되고, 된장이 되고, 콩을 갈아 두부를 만들잖아요. 된장과 메주와 두

> 마흔 살 이후에는, 즉 반생 정도를 산 이후엔
> 스스로 납득할 수 있는 결론에
> 도달할 수 있어야 한다고 생각해요. 그러기 위해서는
> '지금처럼 계속 살 거야?'를 물어야 합니다.
> 그 질문을 품고 돋아나는 생각을
> 지웠다가 새로 들였다가 하면서 숙성시키다 보면
> '아~ 이거구나' 하는 답이 찾아옵니다.

부는 DNA는 같지만 결과는 전혀 다르죠. 그런 단계가 질문을 품는 순간부터 일어나기 시작한다는 걸 경험으로 배웠어요. 그게 나의 문제 해결 방식입니다. 그래서 중요한 건 질문을 품고 생각하는 건데, 우리나라 사람들은 질문하라고 하면 대개 방법론을 물어요. '그거 어떻게 하는 거예요?' 하는. 그건 도둑놈 심보예요. 노력하지도 않고 도달하겠다는 심보이자, 지름길을 구하겠다는 겁니다."

'우아하고 지적인 마님'의 평소 이미지와 달리 말투가 좀 과격한데요 (웃음).

"이건 좀 과격하게 써 주세요. 지름길에는 덫이 있어요. 강남의 영어 학원 간판을 보세요. 죄다 '단기 속성'을 내세웁니다. 단기로 몇 달 만에 영어를 배우는 사람이 영어를 잘할 수 있을까요? 모면하겠다는 거죠. 그러면 해법이 안 생겨요. 방법은 결국 스스로 찾는 거예요. 저마다 해결 방법은 다 다르거든요. 나에겐 효과가 있었지만, 다른 사람에겐 안 맞을 수 있어요. 왜? 우리는 서로 기질도 다르고, 환경도 다르며, 좋아하는 것과 잘하는 것이 다르니까요. 그래서 어떤 시스템을 도입할 때는 신중해야 해요. 무언가를 시작할 때 무턱대고 해외 선진 시스템을 들여온다고 되나요? 안 되잖아요. '왜 그럴까?'에 대한 생각이 선행되어야 해요."

입사 초기 남성 위주의 시스템에서 부당한 대우가 많았던 걸로 압니다. 그런 대우를 뚫고 삼성그룹 최초의 여성 부사장이 되었어요. 당시 조직에서 높은 지위에 오른 여성들은 대부분 두 부류였어요. 전투적이거나 여성스럽거나. 하지만 대표님은 두 부류의 카테고리에서 벗어나 있죠. 처음 뵈었을 때 적잖이 놀랐던 기억이 나요.
"어땠길래요?"

한밤의 라디오 진행자 같다고 느꼈습니다. 작은 목소리로 조곤조곤, 상대의 마음을 살피면서 대화를 이어 가는 분. 만나 보지 못한 유형의 '고위직, 선배, 회사, 여성'이었어요. 그렇게 자기다움을 잃지 않고 조직의 수장이 되기까지, 어떤 자문자답의 시간을 지나왔는지 궁금해요.

"이화여대에서 배운 여성학에서는 남자와 여자는 동등하다고 했어요. 하지만 사회에 나와 보니 그건 당위에 불과합디다. 현실은 달랐어요. 적나라하게 말하자면 여성을 열등한 존재로 취급했어요. 그런 시선은 언어에서부터 나타났습니다. 일하는 여성을 '사무실의 꽃'이라고 했고, 나는 최인아라는 이름 대신 '미스 최'로 불렸고, 여성을 대상화한 광고 카피는 '사랑받으시겠어요' 하던 시대였어요. 이건 제일기획의 문제가 아니라 우리 사회 전반의 문제였습니다. 이 시스템을 어떻게 하면 바꿀 수 있을지에 대해 생각하기 시작했어요. 시스템이라는 건 오랜 시간에 걸쳐 생겼기 때문에 이걸 바꾸는 데도 시간이 걸릴 수밖에 없죠. 물론 시스템을 바꾸려는 노력을 안 하겠다고 생각한 건 아니에요. 시스템이 안 바뀌어도 일을 해야 하고 그러는 사이에도 내 인생은 흘러가잖아요. 그때 나의 질문은 '순종할래? 뛰쳐나갈래?'의 선택지가 아니었어요."

그러면요?

"'이들을 어떻게 하면 내 편으로 만들까'였어요. 학교에서 배운 여성 운동에서는 주로 맞서 싸우라고 가르치죠. 그런데 싸움이 되나요? 100 대 1인데. 절대 다수의 회사 남성들을 적으로 돌리지 않고 나를 지지하는 세력으로 만들어야겠다고 생각한 겁니다. 나의 전략은 '막후'였어요. 겉으로 보기엔 평범해도 나중에 '아, 저 사람이 그 일을 한 사람이구나'라고 보이길 바랐어요. 일을 통해 승부를 보고 싶었고, 실력으로 입증받고 싶었던 거죠."

회피도, 정면 승부도 아닌, 제3의 길을 찾아낸 거군요.

"그 생각이 돋아난 순간을 나는 '내 인생의 결정적 순간'으로 봅니다. 입사 후 40여 일 만에 그렇게 정했어요. 그때 다른 결정을 했다면 전혀 다른 길을 걸었을 거예요. 그즈음 학교에서 사은회가 있었어요. 그때 교수님이 한마디 하라고 하셔서 이렇게 말했습니다. 나는 회사에서 이름으로 불리지 않습니다. 미스 최로 불립니다. 함께 입사한 남자 동기들은 이름으로 불리는데, 왜 나와 여자 동기들은 미스 ○로 불릴까요. 그 이유를 생각해 봤어요. 그들로선 에너지를 줄이는 겁니다. 이름을 부르려면 내 이름 석 자를 기억해야 하는데, 열등한 존재에는 에너지를 덜 쓰려는 것 같았습니다. 학교에서 배운 대로라면 '저를 최인아 씨라고 불러 주세요'라고 해야 합니다. 하지만 저는 그렇게 하지 않기로 했습니다. 왜냐하면 나는 회사에서 소수 민족이고, 내가 내 자리를 꿋꿋하게 지키려면 이들을 적으로 돌리면 그 길은 요원해진다고 생각했기 때문입니다. 이들을 내 편으로 만들어야 한다고 생각했습니다."

20대 초반에 그런 생각을! 그때부터 책이나 타인의 방식을 따르지 않고 최인아다운 방법을 찾아냈군요. 광고계에서도 최인아는 기존의 것을 흉내 내지 않고 최인아다움으로 승부를 건 걸로 알아요.

"내가 생각해도 똘똘했던 것 같아요. 늘 '그 방법이 과연 나에게 맞아?'를 생각했어요. 대학교 때는 이런 일이 있었어요. 한양대 법정대에서 정외과 학생들의 모의국회가 열렸어요. 서울대, 연대, 고대, 이대 등 각 학교에서 대표가 한 명씩 뽑혀서 나갔는데 이대에서는 내가 나가게 됐죠. 국회의원이 돼서 대정부 질문을 하는데, 다들 '이 연사~' 식으로 목청껏 외치는 거예요. 그걸 보면서 생각했어요. 나는 저렇게 하고 싶지 않고, 할 수도 없고, 저런 식으로 해서는 승산이 없겠다고. 알다시피 나는 목소리가 작아요. 내 방식대로 조곤조곤 말했고, 결국 통했어요. 대회 최고상을 받았습니다. 제일기획에서도 그랬어요. 조곤조곤 말하고 목소리가 크지 않지만 듣다 보면 설득이 되도록."

이 대목은 훗날 나에게 '나다운 강연'을 할 수 있도록 힘과 용기를 주었다. 최인아 대표 인터뷰를 할 즈음 나는 한 대기업의 300명 이상 팀장급 이상을 위한 강연을 앞두고 있었다. 40~50명 청중 앞에서는 종종 마이크를 잡았지만, 300명 이상의 대형 강연은 처음이었다. 무슨 배짱인지 덜컥 하겠다고 승낙해 놓고 며칠 밤을 설쳤다. 소위 강연 전문가들의 '강연 잘 하는 법' 노하우를 담은 책들을 쌓아 두고 읽었지만, 읽으면 읽을수록 아득해지면서 점점 쪼그라들었다. 책은 이런 내용으로 도배되어 있었다. '유머 감각을 장착해야 하고, 쇼맨십이 있어야 하며, 목청을 크게, 청중 반응을 예상하고 배우처럼······.' 죄다 나와는 거리가 멀었다. '내가 잘할 수 있는 일이 아닌데 괜히 한다고 했나' 싶은 후회가 나를 집어삼켰다.

그런데, 최인아 대표는 아니었던 거다! 그는 목소리가 작아도, 유머 감각을 내세우지 않아도 얼마든지 파워풀한 강연을 할 수 있다는 것을 몸소 증명해 보였다. 강연조차 최인아다움으로 승부한 사례는 '원래 그렇게 하는 것'은 세상에 없다는 걸 깨우쳐 주었다. 그에게서 나는 용기를 얻었고, '자신감의 원천은 목소리 크기가 아니라 콘텐츠와 연습량'이라는 조언을 믿었다. 그렇게 연습에 연습을 거듭했고, 꽤 성공적인 강연을 할 수 있게 되었다.

최 대표는 어떤 '전형'과 여러모로 벗어나 있어요. 앞서 말하기 대회 에피소드도 그렇고, 관계를 맺는 방식도 그렇죠. 대기업 임원은 외향적이어야 할 것 같은데, MBTI가 I형이면서 사교 모임에 잘 나가지 않고, 점조직 위주의 관계를 선호하는 걸로 알아요.

"회식이 많은 시대였고, 광고 회사이다 보니 술자리가 더 많았어요. 나는 '쓰인다'는 말을 좋아합니다. 회식 자리에서도 이 개념에 대해 명시적으로는 아니지만 개념적으로 생각해 봤어요. 나를 들여다보면 '이것은 하겠는데, 저것은 못 하겠어' 하는 것들이 있잖아요? 거꾸로 쓰임에 대해서 회사 입장에서 생각해 봤어요. 회사로서는 어떻게 해야 '나'라는 사람을 잘 쓰는 것일까. 이 시간에 회식이 아니라 일을 하는 것이 더 낫지 않을까, 싶었어요."

회식이 의무로 여겨지던 시대였어요. 마음이 불편하진 않았는지요?

"나는 어떤 일을 할 때 스스로 납득이 되어야 하는 인간이에요. 회식 자리에 '무조건 가야 하는데, 못 가겠네'가 아니에요. 회사나 동료는 내가 회식에 참여하길 원하는데, 못 가면 저도 마음이 불편하죠. 그 자리가 별로 생산적이지 않다고 여겨진다면 나를 설득하는 겁니다. '네가 회식 자리에 가면 꿔다 놓은 보릿자루처

일 —— 57

럼 앉아 있겠지? 그것보다 그 시간에 일하는 게 회사로선 더 낫잖아?' 하고 스스로 납득시켰습니다."

최인아, 하면 "프로는 아름답다. 그녀는 프로다"를 떠올리지 않을 수 없어요. 최고의 주가를 올리던 배우 채시라 씨가 광고 모델로 등장한 여성복 브랜드 광고였죠. 일하는 여성을 내세운, 당시로선 파격적인 광고로 화제를 모았어요.
"나는 일하는 여성으로서의 아이덴티티가 워낙 강했어요."

오늘도 그렇고, 평소 화장을 안 하는 것도 같은 맥락에서인가요?
"회사 다닐 때도 늘 화장을 안 했습니다. 안 그래도 회사에서 여성은 소수 민족인데, 빨간 립스틱을 바르고 다니면 '일하는 사람'이 아니라 '여자'가 먼저 보일 거라고 봤어요. '이건 내게 굉장한 손해야'라고 생각했습니다. 입사 직후에도 '일하는 여성'으로 보이기 위해 남들보다 한 시간 일찍 출근했어요. 신입 여직원은 걸레를 빨아다가 책상을 닦아야 해요. 걸레 들고 다니는 모습을 보이고 싶지 않아서 여덟 시 반 출근인데 일곱 시 반에 와서 책상을 다 닦아 놓고 자리에 앉아 있었어요."

아침잠이 많으신 걸로 아는데요(웃음).
"그러니까요. 지금 생각해도 참 신기해요. '일하는 사람'으로 보이기 위해서 아침잠을 양보했어요."

늘 질문을 품고 숙성시키면서 여기까지 온 것 같습니다. 그런데 질문을 오래 품다 보면 너무 신중해서 기회를 놓친 적은 없었나요?
"있었겠죠. 30여 년을 해 왔으니 그럴 때가 왜 없었겠어요. 그런데 생각이 안 나요."

실패 경험은요?
"있었겠죠. 그런데 그런 생각들이 잘 안 떠올라요. '기억하지 말자'가 아니라 그냥 아예 그런 생각이 들지 않아요."

그렇다면 '~했더라면' 식의 가정을 해 본 적은 있는지요?
"가끔 하죠. 반면 이런 생각을 자주 해요. 크리스천인데도 사주가 나를 꽤 정확하게 설명한다고 생각해요. 그런 생각의 연장선에서 보면 이리 쿵 부딪히고 저리 쿵 부딪히면서 내 소명을 찾아가는 것이 인생이라는 생각을 해요."

한 분야에서 일가를 이룬 사람들을 인터뷰하면서 발견한 공통점이 있다. 그들은 대부분 후회나 실패에 대한 기억이 많지 않다. 여기에서 눈여겨볼 부분은 '기억의 방식'이다. 그들이 기억하지 못한다는 건, 후회할 일이나 실패를 겪지 않았다는 뜻이 아니다. 그들도 후회할 만한 선택을 하고, 포부만만하게 도전한 일이 실패로 돌아가기도 한다. 다만 그런 일들을 후회나 실패로 인식하지 않는다. 그저 목표하고 원하는 무언가를 이루기 위한 과정에서 얻은 경험 중 하나로 받아들일 뿐, '그때 왜 그 선택을 했을까'라며 낙담하거나 '그때 그 결과는 참담했어'라면서 패배 의식에 젖어 있지 않다.

문득 궁금합니다. 일을 왜 합니까?

"일은 일단 생계 수단이죠. 그런데 이게 전부일까요. 기업들이 고객 경험 이야기를 많이 하잖아요. 고객이 더 깊은 경험을 할 수 있도록 다각도로 질문하면서 방법을 찾죠. 저는 이 질문을 일에도 합니다. 한 달 동안 일을 열심히 한 대가로 월급을 받으면 취할 것을 다 취한 것일까요? 더 가져갈 게 없을까요? 돈이 많으면 일을 안 해도 되는 걸까요? 저는 혼자서 이러고 놀아요."

자문자답을 놀이라고 하는군요.

"하도 골똘히 생각하다가 투명한 문에 쿵, 부딪힌 적도 있답니다(웃음). 로또에 당첨되어서 50억 원 상금을 받으면 일을 안 해도 될까요? 민희 씨는 어때요?"

저는 계속 일을 할 것 같아요. 일이 저에겐 존재감의 근원 중 하나라

서요.

"저도 계속 일을 할 겁니다. 제가 아는 적지 않은 분들도 일을 계속 할 거래요. 그렇다면 일에는 생계 수단 이상의 의미가 많이 있는 거잖아요. 생계 수단 다음 일의 의미는 '성장'이에요. 우리가 어른이 된 후에는 무엇으로 성장할까요? 사회인이 되어서는 어떻게 해야 더 성장할 수 있을까요. 일을 통해서 자라는 것 같아요. 나와 성장 환경도 다르고 취향도 다른 누군가와 갈등을 겪으면서 끝내 무언가를 해냈을 때, 조직의 리더를 맡아서 부원들과 한마음으로 결과물을 냈을 때, 또 시도한 일에서 실패를 하고 실패를 통해 배우면서 우리는 성장하게 됩니다. 어른이 된 이후의 성장은 일을 빼놓고 이야기할 수 없어요. 일을 통해 돈 말고도 가져갈 게 많다면 소위 가성비가 있는 것이 아닌가 싶어요."

사명감과 소명 의식이 강한데, 평소 그런 단어 사용을 꺼리는 걸로 압니다. 추상적이고 거창해 보이는 말을 쓰는 걸 극도로 경계하지요?

"맞아요. 나는 거창하고 거룩한 단어를 쓰는 걸 별로 좋아하지 않아요. 인간이 그렇게 합리적인 존재라고 생각하지 않거든요. 부분적으로만 가끔 합리적일 뿐입니다. 중2 겨울 방학 때 본 「암흑가의 두 사람」이라는 영화가 생각나요. 알랭 들롱과 장 가뱅 주연의 영화인데, 만기 출소한 알랭 들롱이 자신이 하지 않은 일로 억울하게 죄인으로 몰려요. 남의 집 문을 두드리는 등 일련의 행동이 계획적으로 한 일이 아닌데 나중에 법정에 서니까 그런 행동들이 아귀가 맞아떨어져요. 그걸 보면서 '인간이 저렇게 합리적이지도 논리적이지도 않은데 단죄할 때는 인간을 100퍼센트 합리적인 존재라고 전제하는군. 저게 맞아?' 하는 생각이 강하게 들었어요. 나도 마찬가지예요. 지금도 그래요. 내 생각을 정돈해서 거룩해 보이는 말을 해도 한편으로는 '어떻게 하면 좀 더 편안할까? 유리할까? 나를 덜 쓸 수 있을까?' 하는 생각을 하거든요. 어쩔 수 없이 인간은 자기 욕망에 충실한 존재예요. 그런데 큰 얘기를 하다 보면 사적인 욕망은 다 빼고 거룩한 얘기만 하게 된다는 거죠. 이건 거짓이에요."

그럼에도 최인아라는 사람의 소명을 말한다면?

"샘플론으로 말하고 싶어요. 나는 롤 모델이 없었는데, 그 상황을 아쉬워하지 않고 오히려 즐겼어요. 내가 롤 모델이 되고, 내가 샘플이 되자고. 회사 내에 만연한 남성 위주의 제도와 시스템은 한 번에 바뀌지 않아요. 사회가 여성을 바라보는 시각이 그렇고 조직 운용 방식이 오랫동안 그렇게 되어 왔으니까. 그럴 때 중요한 건 개인의 돌파력이에요. 어떤 개인 한 명이 정말 죽을힘을 다해 돌파하면서 샘플이 되면 '어? 저게 되네?'가 되는 겁니다. 최초라는 건 단지 두 번째나 세 번째보다 하나가 빠르다는 걸 의미하지 않아요. 그 최초의 샘플이 나오기 전까지는 불가능한 거예요. '저건 안 돼', '길이 없어' 하는 걸 되게 하고, 길을 만드는 최초의 사람이에요. 지도에 길이 없다면 그건 아직 만들지 않은 길이라는 뜻입니다. 아직 안 만들어서 없는 거예요. 누군가가 만들면 그 사람은 최초의 길을 낸 사람이 됩니다. 박세리 선수도 그렇죠. 박세리는 한국에서만 활동해도 충분히 괜찮은 상황이었어요. 그런데 LPGA에 도전했죠. 모두가 안 될 거라고 봤어요. '미국에 실력자가 얼마나 많은데 그게 되겠어?' 했죠. 그런데 했어요. 이후 한국 여자 골프 선수들이 줄줄이 세계를 제패하고 있습니다. 말하자면 뭔가 안 되는 것을 되게 하기 위해 죽을힘을 다해 돌파하는 사람들이 있어요. 그게 그 사람의 소명이라고 생각합니다."

"그게 그 사람의 소명이라고 생각합니다." 이 한 문장에 최인아 대표의 성정이 고스란히 드러난다. 그는 이런 사람이다. '이게 저의 소명입니다'라고 거창하게 얘기하는 대신 다른 샘플을 묶어 '그의 소명'으로 넌지시 공을 넘기는.

최인아 대표는 소명을 품고 새로운 길을 낸 '최초의 사람'이 되었고, 지금도 되어 가고 있다. 삼성그룹 최초의 여성 부사장이라는 타이틀로 널리 알려져 있지만 실은 그보다 먼저 최초의 여성 대리였고, 최초의 여성 과장이었으며, 차장이었고, 부장이었다. 무엇보다 그는 '미스 최' 대신 '최인아'라는 이름으로 불린 최초의 여성 직원이었다. 그리고 지금, 자신의 이름을 내건 서점에서 '동네 서점'과 '문화 살롱'의 새 역사를 만들어 나가고 있다.

도대체 그 용기는 어디에서 온 건가요. 아무도 가지 않은 길을 향해 첫걸음을 내딛는 용기. 도전하면서 '망하면 어쩌지?' 하는 생각은 안 들었는지요?

"물론 그런 마음이 들긴 하죠. 하지만 하고 싶은 마음이 워낙 커서 '망하면 어떡하지?' 하는 생각을 압도해 버려요. 그런 불안한 마음이 올라오면 스스로에게 '넌 들어가 있어' 합니다(웃음)."

책방을 열 때는요? '최인아라면 잘할 거야'라는 사람들만큼 '강남 한복판에 책방을 열면 망한다'며 말리는 사람이 많았을 텐데요.

"어휴. 당연히 다 말렸어요. 전례가 없었으니 말리는 게 당연해요."

29년간의 회사 생활을 화려하게 마무리 짓고 몇 년간 혼자만의 시간을 보낸 걸로 알아요. 많이 걷고, 많이 읽고, 많이 생각하면서 인생 2막을 열었는데요. 왜 하필 책방이었나요?

"하나는 '쓰임' 차원이에요. '내 인생에 더 이상 일은 없어', '그만큼 했으면 됐어' 하고 그만뒀다가 다시 책방을 연 건 쓰이고 싶어서였어요. 내가 어떻게 쓰여야 할까, 하는 질문을 했을 때 가장 중요한 키워드는 '생각'이었어요. '생각'에 대한 일종의 위기의식이 있었습니다. 이 혼란의 시대를 뚫고 가기 위해서는 '생각'과 '자각'이 꼭 필요해 보였어요. 어떤 문제든 해결을 위해서는 '그렇구나' 하는 자각이 첫 단계예요. 그런데 다들 자각 없이 그저 쫓아서 가고 있는 것 같아요. '적어도 이런 건 하지 말아야지' 하는 고민이 많지 않잖아요. 한나 아렌트는 사유한다는 것은 논리적·과학적 사고방식이 아니라 옳은 것과 그른 것, 아름다운 것과 못난 것을 비판적으로 들여다보고 생각하는 것이라고 했어요. 혼자든 함께든 생각하고 사색하고 모색하는 공간이 절실해 보였습니다."

기적 같아요. '강남 한복판, 4층에 낸 동네 서점'이 10년 가까이 순항 중이에요. 이 불가능해 보이는 것을 해낸 저력의 핵심이 스스로는 어디에 있다고 보는지요?

"나는 교집합주의자예요. 어떤 아이디어를 냈을 때 'A가 아니라 B'라고 한다면 사람들이 오해하는 게 있어요. A는 안 하고 B만 해야 한다는 뜻으로 아는데, 아니에요. A뿐만 아니라 B도 해야 한다는 뜻이에요. 이런 교집합 시스템의 사고는 내가 무슨 일을 하든 자동적으로 작동해요. 내가 무슨 일을 좋아서 하더라도(A), 이 일이 사람들에게도 좋을까(B)를 늘 생각하는 거죠. 거래할 때에도 마찬가지예요. 나에게만 유리한 관계는 오래가지 않아요. 인생은 쓰리 쿠션이라고 생각해요. 나의 행동이 돌고 돌아서 나에게 다시 돌아오게 돼 있어요. 다만 그 행동은 바로 그 결과가 나타나지 않아요. 내가 누군가를 도와주면, 그 사람을 통해 돌아서 나에게 돌아오죠. 광고주와의 관계도 마찬가지예요. 광고주가 나에게 소위 '갑질'을 한다면, 그 사이에 보이지 않는 '고객'을 거론하면서 설득합니다. '당신과 나는 목표가 같다, 고객을 웃게 하는 것이다. 고객을 웃게 해서 당신을 웃게 하겠다'는 식으로 말합니다. 광고주뿐 아니라 세상사의 많은 부분이 그렇게 돌아갑니다. 좋은 일을 하면 돌아서 반드시 나에게로 오게 돼 있어요. 책방 일도 그렇게 바라봤어요."

아무리 좋은 의도로 최선을 다해도 회사가 알아주지 않거나 결과가 좋지 않을 때가 있기 마련인데요.

"그럴 때 기분이 좋은 사람이 어딨겠어요. 마음이 막 상하면서 저만큼 가 버리려 하죠. 그러면 스스로에게 자문자답을 합니다. '너 기분 나쁘지?', '응 기분 나빠', '그런데 일이 이렇게 돼 버렸잖아. 뭐가 더 중요해?', '이게 더 중요하지. 회사가 알아주지 않아서 기분은 나쁘지만 그게 핵심은 아니잖아. 또 그렇다고 일을 안 할 거야? 아니잖아. 계속 할 거잖아. 그러면 이 일은 경험이 되고 쌓이는 거지. 애쓴 건 사라지지 않아' 식으로 말이에요."

애쓴 건 사라지지 않는다……. 이 말을 한참 곱씹었어요. 『내가 원하는 것을 세상이 원하게 하라』에서도 가장 위로와 힘이 되는 말이었습니다.

"내 노력이 당장의 성과로 나오고, 사람들이 알아주면 물론 좋죠. 그런데 그걸 몰라준다고 의미가 없을까요? 아니에요. 나에게 차곡차곡 쌓여서 언젠가 쓸 날이 와요."

최인아책방에도 서사가 쌓이고 있어요.

"나는 책방을 통해 두 가지 일을 해 왔어요. 하나는 우아하고 지적이고 충만한 시간을 보낼 수 있는 공간을 만든 것이고, 또 하나는 자기 언어를 가진, 혹은 가지길 원하는 분들이 모여드는 밀도 있는 공기를 만든 거예요. 동네 서점이라는 오프라인 공간의 힘은 그 무엇도 대체할 수 없어요. 온라인 서점에 가면 책을 더 싸게 살 수 있는데, 굳이 왜 오프라인 서점에 올까요? 고객들은 그곳에서만 느낄 수 있는 고유한 공간의 힘을 알고 있는 거죠. 이 일은 계속돼야 해요. 하나의 생각나무가 또 하나의 생각나무를 만나서 결국 생각의 숲을 이루는 곳. 우리 책방이, 종국에는 우리 사회가 그렇게 되면 좋겠어요."

'혼자만의 시간의 힘'을 강조했는데, 역설적으로 최인아책방을 연 후 점점 더 세상의 부름이 많아지고 있습니다(웃음).

"그러니까요. 시간에 쫓기다 어느 날 문득 '내가 왜 했지?' 생각이 들더군요. 보고 싶은 책이 있으면 사서 보고, 좋은 카페 있으

> 내 노력이 당장의 성과로 나오고,
> 사람들이 알아주면 물론 좋죠.
> 그런데 그걸 몰라준다고 의미가 없을까요?
> 아니에요.
> 나에게 차곡차곡 쌓여서
> 언젠가 쓸 날이 와요.
> 애쓴 건 사라지지 않아요.

면 가면 되는데 왜 이걸 한다고 해서 끙끙대고 있을까? 하는 생각. 내 마음을 오랫동안 들여다봤고, 안에서 올라온 답은 '감당하기'였어요. '좋아하는 걸 하려면 감당해야 하는구나'를 깨달았어요. 우리가 보통 (어떤 일에) '관심 있어요' 하는데, 관심 있고 좋아하는 걸 실제로 하려면 감당해야 하는 것이 많아요."

최인아 대표는 내 삶의 롤 모델 중 한 명이다. 흔들리고 고민될 때 '최인아 선배라면 어땠을까? 이 문제를 어떻게 바라보고 어떤 질문을 던졌을까?'를 가정해 본다. 그러면 본질을 놓치지 않는 방법론이 떠오르곤 한다. 나를 존중하면서도 세상에도 옳게 쓰일 수 있는 해결 방안이. 나뿐 아니라 그를 뮤즈 내지 롤 모델로 바라보는 이들이 적지 않다. 나의 대학 친구 중 한 명은 이메일 주소가 'ina'로 시작한다. 최인아의 '인아'에서 따왔다. 20여 년 전, 이메일 계정을 처음 만들면서 친구는 그처럼 멋진 여성이 되고 싶다는 마음을 담았다고 한다.

최인아 대표는 자신뿐 아니라 타인이 자신의 이름으로 파워 브랜드가 될 수 있는 길을 알려 주는 데 고수다. 스스로를 존중하듯, 타인 역시 같은 시선과 온기로 바라보면서 꼭짓점에 있는 마음을 물어봐 준다.

'내가 이렇게 쓰여도 될까?'

최인아 선배가 나에게 심어 준 질문의 씨앗이다. 이 질문은 언제부터인가 내 삶의 축을 지탱해 주는 인생 질문으로 자리 잡았다. 다수가 욕망하는 길을 탐하지 않고 나만의 길을 갈 수 있게 힘을 주는 질문, 남들과 달라도 나다움을 꿋꿋이 지킬 수 있는 단 하나의 질문.

이 질문을 건네주던 순간이 지금도 쨍하니 선명하다. 최인아 선배와 나의 절친 브라운 박사와 셋이 함께 오대산 선재길을 걷기 위해 진부역으로 향하는 기차 안이었다. 신록의 6월, 창밖으로 휙휙 지나가는 나무의 초록에 눈이 시렸다. 그즈음 나는 회사에서 부서장으로서 고민이 많았다. 스페셜리스트로서의 역량과 제너럴리스트로서의 역량 사이에서 정체성 고민이 깊은 시기였다. 기자로서 이슈를 발굴해 취재하고 기사를 쓰는 스페셜리스트의 일과 부서장으로서 리더십을 발휘하고 매출을 증대시키는 제너럴리스트로의 임무는 전혀 다른 세계였는데, 나는 이 둘의 경계에서 심하게 흔들리고 있었다. 기존에 보고 배운 리더십과 나의 성정이 달라 스스로의 자질을 의심하고 있었다. 이런저런 힘든 마음을 옆자리 최인아 대표에게 가감없이 털어놓았다.

최 대표는 나의 고민을 묵묵히 들으면서 중간중간 짧은 질문을 던져 주었다. 그때 그 질문이 뭐였는지 구체적으로는 기억나지 않는다. 다만 이것 하나는 확실하다. 바로바로 답변할 수 있는 질문이 아니었다는 것. 질문을 받을 때마다 나는 잠시 멍해졌고, 그 답을 하기 위해선 내 마음 깊숙한 곳을 한참 동안 들여다봐야 했다. 질문이 이어질수록 나는 점점 더 내가 되는 것 같은 밀착감이 느껴졌다. 기차의 종착지가 다가올 무렵엔 고민들이 꽤 가벼워진 기분이 들었다. 신기했다.

그 시간 동안 내가 찾은 것은 답이 아니라 질문이었다. 내 인생의 이정표가 될 커다란 질문. 그 질문은 어떤 상황에서도 나를 지켜 주는 요술 구슬과 같다. 외부에서 새로운 제안을 받았을 때, 갈래길에서 이 길로 갈까 저 길로 갈까 고민될 때, 관계 스트레스로 중심을 잃고 휘청거릴 때, 나는 이제 스스로에게 이렇게 묻는다. '민희, 이렇게 쓰이는 게 맞아?'

또 하나, 최인아 선배의 삶을 지켜보면서 일과 삶, 즉 워라밸에 대해 재정의하게 됐다. 우리는 종종 누군가 주입한 생각을 당연하게 받아들이곤 하는데, 이 말이야말로 그렇다. 일과 삶을 따로 떼어서 생각할 수 있을까? 'Work and Life balance'를 뜻하는 '워라밸'이라는 말 역시 일과 삶의 균형을 맞춘다는 말인데, 일과 삶이 별개일 수 있을까?

삶 안에 일이 있다. 내가 해 온 일이 곧 나이며, 그 일들이 곧 내 삶의 정체성을 이룬다. 내가 해 온 일들은 내 선택의 결과들이었고, 그 선택은 내 신념과 가치관을 반영한 것이었다. 당신은 어떤 일을 하고 있는가. 어떻게 쓰이고 싶은가. 우리 각자는 이미 답을 알고 있다. 다만 자문자답을 통해 자신만의 언어로 정립하지 않았을 뿐.

'나는 왜 이 일을 하는가', '그때 갈림길에서 왜 그 길을 택했나', '선택의 기준은 무엇이었나.' 그 질문에 대한 답은 밖에 있지 않다. 내 안에 있다.

"
우리가 보통 (어떤 일에)
'관심 있어요' 하는데,
관심 있고 좋아하는 걸
실제로 하려면
감당해야 하는 것이 많아요.
"

삶을 뒤흔든 열두 번의 만남

03

interviewee
한동일

keyword
공부

sentence

"어른의 공부는
 어제의 자신으로부터
 벗어나는 것"

한동일

30년 넘게 자칭 '공부하는 노동자'의 삶을 이어 오고 있다. 동양인 최초로 로마 바티칸 대법원 로타 로마나 변호사로 활약했다. 2001년 로마 유학길에 올라 교황청립 라테라노대학교에서 2003년 교회 법학 석사 학위를 최우등으로 수료했으며, 2004년 동대학원에서 교회법학 박사 학위를 최우등으로 받았다. 2024년 9월부터 성균관대학교 법학전문대학원 교수로 재직 중이다. 10년 집필 과정을 거쳐 『카르페 라틴어 한국어 사전』을 편찬했으며, 『라틴어 수업』, 『로마법 수업』, 『법으로 읽는 유럽사』, 『한동일의 공부법』, 『그가 우리에게 말하는 것』 등을 썼고, 번역서로는 『교회법률 용어사전』 등이 있다.

———•——

　세상의 변화는 빠르고, 인간의 수명은 점점 길어진다. 100세 시대를 살아갈 우리의 공부법은 달라져야 한다. 20대 중반까지 대학에서 배운 지식으로 나머지 70여 년을 우려먹기는 불가능하기에 어른의 공부가 필수 불가결하다. 예측할 수 없는 세상, 점점 각박해지는 세상에서 '어떻게 살아야 할까'라는 질문은 결국 '무엇을 배워야 할까'로 이어지며, 이 질문은 '공부란 무엇이며, 어떻게 공부할 것인가'라는 의문을 낳는다.

　"도대체 어떻게 공부했습니까?"

　품위 있는 인생 수업인 『라틴어 수업』으로 독자들의 큰 호응을 받은 한동일 변호사. 그는 이 책을 낸 후 다양한 독자들을 만났는데, 그때마다 빠지지 않는 질문은 공부법에 대한 것이었다.

　한동일 교수는 로타 로마나 700년 역사상 930번째로 변호사가 됐다. 로마 바티칸의 로타 로마나 변호사가 되는 길은 까다롭기로 유명하다. 영어와 여러 유럽어를 유창하게 구사해야 하고, 라틴어로 진행되는 사법 연수원 3년 과정을 마친 후 합격률 5~6퍼센트에 불과한 자격시험을 통과해야 한다. 2010년 9월 로타 로마나 변호사는 여덟 명이 배출됐는데, 이탈리아인 여섯 명, 폴란드인 한 명 그리고 한동일 변호사였다.

무엇보다 언어 장벽이 높아 외국인, 그것도 아시아권 출신의 로타 로마나 변호사는 희귀하다. 라틴어는 외국어 중에서도 난도가 높다. 라틴어의 명사는 단수, 복수가 12가지 격으로 변하고, 형용사는 단어 하나가 36가지로, 동사는 대략 225가지로 변한다. 라틴어를 익히는 과정도 지난할진데, 그는 『카르페 라틴어 한국어 사전』을 펴냈다. 집필에만 10년이 걸렸다고 한다.

그는 소위 '세븐일레븐'의 공부를 오랫동안 해 왔다. 아침 일곱 시에 책상에 앉아 밤 열한 시가 되도록 공부하는 삶. 그 지독한 성실성이 지금의 그를 만든 토대가 됐다. 하지만 성실성은 극히 일부 조건에 불과하다. 30년간 스스로를 가두고 '인이 박이게' 공부하는 삶 속에서 그는 깨달아 갔다. 공부란 머리로 하는 것이 아닌, 몸과 마음을 정화하는 '마음 수련'의 과정이라는 것을.

그리고 제안한다. 목적성 공부와 어른의 공부는 달라야 하며, 다른 나라를 좇기 급급한 '추격의 시대'의 공부법과 선진국으로서 '추월의 시대'의 공부법은 달라야 한다고. 이제는 공부 방법이나 공부 기술보다 목표 설정이나 가치 추구를 생각하는 공부를 논해야 한다고.

인터뷰 당일 한 교수는 책 한 권을 가져왔다. 철학자 오구라 기조가 쓴 『한국은 하나의 철학이다』. 일본인의 시선으로 써 내려간 한국인론으로, '왜 한국인은 열심히 공부하는가'라는 질문에 대한 일리 있는 해석이 나온다. 한 교수가 책을 펼쳐 보이며 말을 열었다.

"오구라 기조는 한국인이 열심히 사는 이유에 대해 '상승 지향의 한국인'으로 풀어내요. 한국인은 호칭도 '것'에서 '놈'으로, '놈'에서 '님'으로 가려고 하고, 말도 '소리'에서 '말'로, '말'에서 '말씀'으로 나아가려 한다는 거죠. 도덕뿐 아니라 경제적으로도 상승 지향이 매우 강한 민족으로 분석합니다."

자연스럽게 인터뷰가 시작됐다.

———◆———

상승 지향 욕구는 한국인뿐 아니라 모든 인간의 공통점이 아닌가 싶은데요.

"한국 사회는 유독 상승을 지향하는 경향이 강하다고 하는데, 저 역시 동의해요. 평일 낮의 한국인들을 관찰했습니다. 버스도 타고, 지하철도 타고 다니면서 저의 10대, 20대를 상상하기도 했고요. 그러면서 든 생각은 '이렇게까지 열심히 해야 해?'였어요. 친한 이탈리아 교수님 역시 '이탈리아인들은 한국인처럼 공부를 많이 하지 않는다. 햇볕 쬐고 이런 걸 좋아하지'라고 하더군요. 외국인 눈에 비친 한국인은 열심히 살고 공부도 많이 하는 민족입니다. 그래서 한국인들과 유럽인들은 인적 구성의 비율이 확실히 달라요."

어떻게요?

"군대로 따지자면 한국인들은 5,000만 명이 다 장교 수준이에요. 다른 나라는 장교 5~10퍼센트, 부사관 20퍼센트 그리고 사병 등 다양한 역량의 사람들이 골고루 모여 있죠. 하지만 한국인들은 개인의 능력이 다 뛰어납니다. 거기에서 살아남으려면 얼마나 힘들겠어요. 모두가 상승을 지향하는 사회적 분위기가 형성된 거죠."

여기에서 '상승'은 어떤 차원인지요. 어제보다 나은 나? 혹은 다른 사람보다 나은 나?

"제 책 『라틴어 수업』 중 가장 마음에 드는 문장 하나만 꼽으라면 이거예요. '사랑하는 사람이 곁에 있어도 개인적·사회적인 자아가 실현되지 않으면, 인간은 고독하고 외롭고 소외된 실존과 마주해야 한다.' 상승에는 이 두 가지 의미가 다 있다고 봐야죠. 이 중 어느 것 하나라도 충족되지 않으면 힘든 시간을 보낼 수밖에 없어요."

공부하는 어른들이 많아졌습니다. 독서 클럽이 활성화되고, 커뮤니티 공부가 늘고, 향상성을 품고 성장 마인드셋으로 임하는 어른들 말이에요. 이유가 어디에 있다고 보세요?

"이건 단순히 긍정적으로만 볼 수 없는 측면이 있어요. 한국은 기본적으로 자기 생각을 말하기 힘든 분위기가 있어요. 가정에서도, 학교에서도 그리고 사회에서도. 사춘기 아이를 보세요. 자기 인생을 심각하게 고민하기 시작하는 아이들은 자기가 무엇을 좋아하고, 자기 생각을 어떻게 표현해야 할지 어려움을 겪곤 합니다. 하지만 한국 사회는 그 고민의 시간을 기다려 주지 않아요. 빨리 철들길 강요하는 사회죠. 마치 초본 식물처럼. 초본 식물은 환경이 안 좋으니 3월이 되자마자 푸르러지면서 바로 씨를 만들어요. 지금 우리 사회는 모두가 초본 식물처럼 되어 가고 있어요. 빨리 철들지 않으면 인생의 리스크가 너무 크니까. 실패할 기회를 안 주면서 빨리 철들길 바라요. 그런 과정을 거치지 않고 초·중·고교, 대학교, 취업까지 이어지다 보니 40대에 와서 진짜 고민이 시작되는 경우가 많아요."

그렇다면 교수님의 학창 시절은 어땠습니까?

"한국에서 저는 늘 문제아였어요. 열악한 환경으로 인해 늘 자신이 없어서 외톨이로 지냈고, 무시당하는 게 일상이었어요. 선생님들한테는 '왜 쓸데없는 질문을 하지?', '오버한다' 같은 말을 많이 들었습니다. 중학교 때 마음의 문을 닫고, 혼자 공부 속으로 빠져들었어요. '어차피 나는 나의 시간을 살 테니, 이 사람들한테 인정과 이해를 받으려 하지 말자'라고 생각하고 나의 시간을 꾸리기 시작했습니다. 그런데 이런 저의 엉뚱하고 남과 다른 발상이 유럽에 가니 '훌륭한 생각'으로 여겨지더군요. 그런 면이 두드러지면서 발탁되기 시작했어요."

어린 시절에 하루의 끼니를 걱정한 날이 많았고 부모님이 자주 다퉈서 베개가 푹 젖을 정도로 울었다는 이야기에 마음이 아팠습니다. 결국 외로움과 고통을 피하기 위해 공부를 도피처로 삼았다고 했는데요. 그때와 지금, 공부의 이유가 달라졌나요?

"근본적으로 외로움 때문에 공부한다는 건 같아요. 그렇다고 외로움을 안 느끼게 된다고 공부를 멈출 것 같지는 않습니다. 불과 2년 전까지만 해도 세븐일레븐의 삶을 살았으니까요."

세븐일레븐이라면 하루 열여섯 시간인데요, 그중 실제로 공부에 순전하게 몰입하는 시간, 일명 '순공' 시간은 얼마나 되는지요.

"하루 세끼 식사 시간과 중간에 잠깐 쉬는 시간을 빼고 열두 시간씩 공부했어요. 아침 일곱 시부터 바로 집중이 되지는 않아요. 선천적인 심장 질환이 있어서 몸이 너무 아팠기 때문에 1년 중 지금처럼 머리가 안 무겁고, 가슴도 안 아픈 날은 며칠 안 돼요. 그렇다 보니 집중도가 빨리 올라가지 않아서 조바심이 생깁니다. 한번 집중하게 되면 화장실 가는 것도 잊고, 대상포진이 와도 그 고통을 잊을 때가 있어요. 이건 병이에요, 병. 허허허. 몰입의 순간에는 희열감에 벅차오릅니다."

공부에서 느끼는 무아지경의 희열감이라, 잘 상상이 가지 않는데요 (웃음).

"집중해서 몰입하다 보면 어느 순간엔가 골에서 뭔가 쫙 빠져 나가는 느낌이 들면서 엔도르핀이 돌아요. 아픈데도 그 고통을 잊을 정도로 황홀경을 느낍니다. 공부도 일종의 마약인가? 그래서 내가 공부라는 마약을 못 끊는 건가 싶기도 해요. 그런 순간이 자주 오지는 않아요. 그걸 또 느끼려고 그렇게 하는 거죠. 한 번 느끼고 나면 몸이 너무 아픕니다."

공부를 하다 보면 저마다의 아픔에 부딪힐 수밖에 없다고 했어요.

"사람을 만나서 일할 때는 내 안의 아픔이 올라오지 않아요. 올라올 틈도 없고, 느껴지지도 않아요. 하지만 공부하는 동안은 정지된 시간이에요. 정지해 놓고 나를 가두는 거죠. 그러다 보면 낮 동안 올라오지 못했던 것들이 올라옵니다. '분심'이라고 한 자잘한 생각들, 예를 들어 '아까 그걸 다 먹었어야 했는데' 같은 것들이 올라오다가, 조금 더 있으면 깊숙이 있던 것들이 올라옵니다. 어릴 때 엄마가 나를 차갑게 대했는데 왜 그랬을까, 같은. 사람은 아픔이 올라오면 피하는 경향이 있어요. 직면하는 연습이 필요합

"
공부라는 건 100을 준비해서
20을 발휘하는 것이에요.
무작위로 뿌려서 그게 나의 어디에서
포텐이 터질 지 알 수 없는 기회를 기다리며 하는 거예요.
모든 건 운인데,
운을 만들어 가는 게 우리가 할 일이에요.
"

니다. 아픔을 마주하지 않아서 현대인들이 더 아픈 것 같아요."

아픔을 마주하라고요? 일각에서는 행복하려면 힘든 마음에서 벗어나 즐거운 생각을 떠올리라고 합니다만.

"그게 저는 쉬운 선택이라고 생각해요. 공부할 때 쉬운 선택을 하지 말라고 한 건 그런 맥락입니다. 물론 저도 삶이 힘들고 울분이 날 때는 회피하려는 경향이 있어요. 그런다고 그게 없어질까요? 아니거든요. 자려고 누웠는데 어느 날 눈물이 흐르더군요. 그때 느꼈어요. 아, 내가 숨기고 있구나, 묻어 두려 하고 있구나, 꺼내야겠다고."

보통 사람들은 사소한 유혹 앞에서 굴복하기 쉬워요. 이 영상만 보고 해야지, 10분만 쉬고 해야지, 식으로. 교수님은 사소한 유혹에서 어떻게 자유로울 수 있나요.

"저도 그랬어요. 중·고등학교 때는 '이 야구만 보고 시험공부 해야지' 이런 생각을 자주 했습니다. 그런 생각이 들면 '도둑놈 심보를 없애자'고 다짐합니다. 내가 100을 준비해서 100이 나오길 바라는 마음은 도둑놈 심보예요. 그런 일은 결코 없어요. 공부라는 건 100을 준비해서 20을 발휘하는 것이에요. 봄이 되면 노란 송홧가루가 많이 날리지요. 저 작은 가루가 어디에 떨어져서 생명의 씨앗을 만들어 낼지 알 수 없지만, 그것 하나를 위해 사방을 뒤

덮는 거예요. 아스팔트, 돌길 위 할 것 없이. 그런데 인간은 어떤가요? 하나를 해서 하나의 결과를 내려 한다면 그게 도둑놈 심보 아닐까요? 공부란 무작위로 뿌려서 그게 나의 어디에서 포텐이 터질지 알 수 없는 기회를 기다리며 하는 거예요. 우리의 삶에는 운이 크게 작용하는데, 운을 만들어 가는 게 우리가 할 일이에요."

"공부란 하늘에서 내리는 비와 같다"(『한동일의 공부법』)는 표현도 생각나는군요. "공부가 내 안에 얼마나 쌓이는지 알 수 없다. 충분히 적시고 흘러넘치는 빗물과 같아야 한다"고 했지요.

"대부분은 거기까지 못 가요. 일정 시점이 지나면 포기하죠. 그렇게 되지 않기 위한 방법 중 하나가 '공부 일지'를 쓰는 거예요. 사람들과 만나서 즐겁게 놀다가 와서 책상에 앉으면 공부가 돼요? 안 되죠. 잔상이 남거든요. 만난 사람에 대한 이미지, 그를 좋아했다면 좋아한 감정, 싫어했다면 싫은 감정, 섭섭한 감정들이 남아서 집중이 잘 안 됩니다. 그래서 공부하기 직전 공부 일지를 써요. '지금 이런 생각이 들고, 이런 감정이 남아 있다' 같은. 이런 상황을 종교에서는 분심分心이라고 해요. 마음이 나뉜다는 거죠. 분심은 나쁜 게 아니에요. 당연한 거예요. '아, 내가 이걸 생각하고 여기에 집중했구나'를 알면 넘길 수 있어요."

그런가 하면 "공부를 시작하기 전, 그것을 내가 할 수 있는지 신중하게 판단하고, 해야겠다고 마음먹었으면 끝까지 가 보는 연습을 해 보라"고 했지요. 끝까지 가 보는 것이 왜 중요한가요?

"잘하고 못하고가 아니라, 마치는 연습을 해야 해요. 특히 공부는 매듭을 짓는 과정이 중요합니다. 그 과정에서 나를 알 수 있어요. '내가 이럴 때 무너지는구나, 이 전략은 바꿔야겠구나'를 알게 되죠. 끝까지 가 보면 내 사이클을 알고, 나에게 맞는 계획을 짤 수 있어요."

나를 들여다봐야 하는군요.

"그럼요. 그래서 공부는 외우는 게 아니라는 거예요. 나에게 맞지 않는 공부법을 무조건 흉내 내는 경우를 많이 봐요. 사람마다 얼굴이 다 다르듯, 자신에게 맞는 공부법도 다 달라요."

하지만 매듭을 짓는 건 쉬운 일이 아니에요. 공부를 보통 '끝이 보이지 않는 터널'에 비유하곤 하잖아요. 공부 양에 짐짓 압도당하기 쉬운데요. 그 지난한 시간을 버틸 수 있는 마인드셋이 있다면 전수해 주겠어요?

"낮의 공부는 '업다운' 방식으로 할 것을 권해요. 법학이건 의학이건 시험공부 양이 어마어마합니다. '그 많은 걸 언제 다 하지?' 하는 생각이 들게 마련이에요. 이럴 때 필요한 자세가 바로 업다운, 위에서 아래로 내려다보는 거죠. 공부하는 순간만큼은 내가 엄청난 천재라고 생각하는 겁니다. '나는 천재니까 이 정도는 아무것도 아니야'라는 마음을 갖게 되면 좀 더 수월하게 다가갈 수 있어요. 나를 위축시킬 만한 주변 요소가 얼마나 많습니까. 나마저 나를 위축시킬 필요는 없어요."

한편으로는 "겸손한 사람이 공부를 잘한다"고 했는데요.
"그건 밤의 자세입니다. 낮 동안에는 업다운 방식으로 임하고, 밤에는 낮은 자세로 하루를 반성해야 해요. 잠자리에 들기 전, 오늘 나는 몇 시간 공부했고, 어떤 부분이 잘되고 부족했는지를 냉철하게 돌아보는 겁니다. 부족함을 알아야 발전할 수 있어요."

캄캄한 터널을 지날 때에는 내가 이 길을 잘 가고 있는지, 불안한 마음이 들곤 해요. 그 불안에 지지 않기 위해서 어떻게 해야 합니까?
"성찰, 성찰밖에 없어요. 공부하는 사람이라면 꼭 필요해요. 길게 공부하는 과정 자체가 성찰의 과정이 아닐까 생각합니다. 공부하면서 늘 좋은 결과가 나올 수 없어요. 저야 운이 따랐는지 좋은 결과로 이어졌지만, 안 좋은 결과가 나오면 왜 그런지 결과를 분석해야 합니다. 운동선수들이 경기 결과가 안 좋으면 다음 경기 전 원인 분석을 하듯이 말이에요. 그것에 대한 분석이 없으면 실패를 반복하게 됩니다. 쉼도 중요해요. 잘 쉬는 사람이 공부를 잘

할 수 있어요. 육체적인 차원만이 아니에요. 우리는 일상에서 너무 많은 것을 욱여넣으며 살아가요. 가끔 로스쿨 친구들의 공부 코치를 하는데, 시간표를 보면 쉬는 시간이 없어요. 운동 시간도 없고요. 쉴 때도 구체적인 계획이 필요하답니다."

수험생의 목적성 공부와 어른의 공부는 어떤 면에서 같고, 어떤 면에서 다른가요.

"궁극적으로 같다고 봅니다. 공부의 내용은 바뀔 수 있어도 공부를 통해 얻어야 할 것은 10대나 어른이나 같아요. 결국 자기를 들여다보는 마음 수련이 공부거든요. 공부를 통해 얻어야 할 것은 무엇인지를 일찌감치 생각한다면 우리 사회도 타자에 대한 인식이 달라질 거라 생각해요."

왜 공부하는 사람이 많아지면 타자를 배려하는 사회가 되는지요.

"공부하는 과정에서 결과를 내기 위해서는 끊임없이 스스로에게 묻게 돼요. 상당 부분의 유책 사유가 나에게 있는 걸 보게 되고, 그러다 보면 타인을 향했던 화살이 내 안으로 향하게 되죠."

여기에서 질문이 피어납니다. 한국인은 상승 지향이어서 공부하는 어른이 많아지고, 공부하는 사람이 많아지면 타인을 배려하는 사회가 된다고 했는데, 체감으로는 그렇지 않아요. 공부법이 잘못된 걸까요?

"목적을 정화하는 연습을 못 해서 그런 것 같아요. 10대 때 공부의 목적은 좋은 대학 가는 것, 20대에는 상위 대학과 취업. 이런 공부는 잘해 왔어요. 우리는 지금 그다음의 세팅이 필요한 단계에 와 있어요. '어떻게 하는가'가 아니라 '왜 하는가'를 물어야 해요. 먹고살기 급급한 시대에는 전자의 질문이 통했지만, 선진국 대열에 들어선 지금은 '왜 하는가'를 고민해야 합니다. 거대한 변화의 시기에 직면해 있습니다. 축이 바뀌면 기존 영토는 줄어들고 새로운 판이 열립니다. 공부의 수준과 패턴을 바꿔야 할 시점이에요."

흔히 즐기면서 하는 자를 이길 수 없다고들 하는데, 교수님은 공부를 '즐기는 것'이 아니라 '견디는 것'이라고 했어요.

"어떻게 공부를 즐겨요? 즐긴다는 게 과연 뭘까요? 저는 요즘 '행복합니까?', '즐기고 있나요?' 같은 질문을 받으면 답하기 힘들어요. tvN 「유 퀴즈 온 더 블럭」에서 진행자가 피겨 선수 차준환에게 언제 행복한지 물었어요. 대답을 못하고 멍하게 있더군요. 답을 모르는 게 아니라, 몰입을 하는 사람에게 행복이라는 개념은 다를 수 있다는 생각이 들었습니다. 단어에 갇히지 않으면 좋겠어요. 즐긴다기보다 버텨 내는 힘이 아닐까, 하는 생각이 들어요. 버텨 내다 보면 뭔가가 나오거든요. 저도 그래요. 지금의 결과물을 세상에 내놓기까지 오랜 버팀의 시간이 있었어요. 20, 30대 친구들이 보여 줄 수 있는 결과물이 얼마나 되겠어요? 축적의 힘을 믿으면 좋겠습니다."

그렇게 '인이 박일 때까지' 공부를 하다 보면 습관이 되어서 하기 싫은 마음이 없어지나요?

"천만에요. 없어지지 않아요. 하기 싫은 마음이 들어도 그냥 계속 해 나가는 수밖에요."

그냥 하는 힘이 왜 중요한가요?

"한국 사회가 점점 힘들어져 가는 이유 중 하나가 너무 많은 동기 부여와 의미 부여 때문이에요. 물론 필요하지만 지나치면 피로해집니다. 사람을 좋아하고 일을 좋아하는데 이유가 있나요? 그냥 좋은 거잖아요. 그런데 우리는 끊임없이 왜? 무엇 때문에?를 궁구합니다. 어느 순간 그것 때문에 피로 사회가 된 거예요. 심플하게 그냥 시작해 보세요. 그림 그리기, 시 쓰기, 음악하기……. 라틴어에 '위대한 유치함'이라는 표현이 있습니다. 때로는 아주 우연한 동기가 무언가를 하게 하는 힘이 될 수도 있어요."

문득 여쭙니다. 공부란 뭔가요?

"한 사람 한 사람 모두 저마다의 걸음걸이가 있고, 저마다의 날갯짓이 있어요. 나는 내 길을 가야 하는데, 이때 중요한 것은 '어제의 자신으로부터 벗어나는 것'이에요. 그리고 아직은 정확히 모르는 내 걸음의 속도와 몸짓을 파악해 나가는 것이죠. 공부는 무엇을 외우고 머릿속에 지식을 채우는 것이 아닙니다. 나만의 걸음걸이와 몸짓을 배우는 과정이 아닐까 싶어요."

그렇다면 교수님은 공부를 왜 합니까?

"오차 범위을 넓히기 위해 공부합니다. 단 하나의 정답을 믿는 것이 아니라, 틀릴 수도 있다는 오차의 범위를 넓혀 가는 겁니다. 사람은 궁극적으로 바뀌지 않지만, 오차 범위를 넓힐 수는 있어요. 처음에는 보고 싶은 별을, 목적지를 보려 하지만, 그것이 하루, 이틀, 한 달, 두 달 쌓이면 오차 범위가 넓어져요. 그렇게 되면 예상치도 못한 다른 별을 보게 될 수 있어요. 오차 범위를 넓혀 놓아야 무언가를 할 수 있는 여지가 많아집니다."

아! '오차 범위를 넓히기 위해서'라는 표현이 생각의 여백을 확 넓히는군요. 일본 최고의 콘셉추얼 아티스트인 야마자키 세이타로가 말한 '여백 사고'와 통하는 개념 같아요. 세이타로 씨는 '여백이 없는 곳에서는 성장하지 않는다'고 했어요.

"비슷합니다. 오차 범위가 넓어진다는 건 어제의 나보다 더 확장된 존재가 되었다는 얘기니까요."

교수님 스스로를 "타인의 성공을 시샘하지 않고 행운이 찾아올 때를 기다리며 공부하는 노동자"라고 표현했지요. 이는 현재의 모습인가요, 되고 싶은 자아상인가요?

"잘 나가는 작가가 상을 받으면 물론 나도 받고 싶은 마음이 듭니다. 그런데 그 부러움과 시샘이 나를 발전시켰을까를 생각해 보면 아니더군요. 자극은 될 수 있지만 거기까지였어요. 그것보다 그 사람이 거기에 오기까지 해 온 시간들을 보기로 했습니다. 남들이 이룬 성과를 부러워하지 말고, 성과를 이루기 위해 거쳐 간 시간들을 보려 합니다. 척박한 사회가 되는 이유 중 하나는, 타인의 시간을 바라보지 않기 때문이에요. 상대방의 시간을 생각하면 그 사람의 역사가 보이고 노고가 보이면서 시샘하는 마음 대신 공감하는 마음이 생겨요."

교수님이 쓰신 대중서는 대부분 '수업', '공부', '법' 등 다소 딱딱해 보이는 말들을 내세웠지요. 그럼에도 호응이 높은 이유는 어디에 있다고 보세요?

"그러니까요. 저도 신기합니다. 다만 이런 생각은 들더군요. 힘들고 어려운 상황을 넘어선 후 제3자 입장에서 편안하게 말을 건넬 때 위로를 받는 것이 아닐까, 하는. 제가 좋은 가정에서 태어나 평범하게 공부했다면 큰 위로를 주기 어려웠을 겁니다. 이 글을 읽는 독자님께도 그런 이야기를 해 드리고 싶어요. 지금 힘든 시기를 보내고 있다면 축적의 시간으로 여기면 좋겠습니다."

늘 '개인' 안에 '세상'이 담겨 있다는 인상을 받아요. 내 공부가, 내 이야기가 세상에 빛을 밝히는 데 쓰이고 싶다는 사명감이 느껴진다고 할까요. 되고 싶은 자아상을 이루기 위해 삶의 시간을 어떻게 바라보고 꾸려 나갑니까?

"저는 어쭙잖은 사람인데, 세상으로부터 너무 많은 관심을 받아요. 인터뷰와 방송을 부담스러워하는 것도 그 이유예요. 제가 평가하는 저는 대단한 사람도 아니고, 매일 갈등하고 고민하고 시간을 채워 가는 사람에 불과합니다. 그런데 세상은 저를 대단하게 보는지, 한국 사회의 갈등에 대해 묻고, 해결 방안을 물어요. 부담스럽지요. 다만, 이런 생각은 해 봤습니다. 삶이란 보이저호가 성층권을 뚫고 다음 단계로 나아가는 것과 같지 않을까 하는. 우주선이 하늘 높이 날아가서 인간이 닿을 수 있는 우주의 한계에 도달한 후 다음의 우주권을 향해 가는 순간을 보면서, 그것이 꼭 인생 같다는 생각을 많이 했어요. 내가 가진 에너지를 다해 다음 단계로 뚫고 나아가는 것. 가다가 나의 에너지를 다했으면 거기서 멈추는 것도 괜찮은 삶이지 않을까 싶어요."

"
삶이란 보이저호가 성층권을 뚫고
다음 단계로 나아가는 것과 같지 않을까요.
우주선이 하늘 높이 날아가서
인간이 닿을 수 있는 우주의 한계에 도달한 후
다음의 우주권을 향해 가는 순간을 보면서,
그것이 꼭 인생 같다는 생각을 많이 했어요.
"

한동일 교수가 내내 강조하는 것은 라틴어로 네불라nebula, 즉 아지랑이다. 각자의 마음속에 이글거리는 투명한 불꽃을 들여다보고 찾아내라는 것. 결국 공부한다는 것, 살아간다는 것은 내 마음속의 아지랑이를 보는 일이라는, 품격 있는 은유를 건넨다.

한동일 교수와 몇 번의 인터뷰를 하면서 나는 그와 친구 사이가 되었다. 사제직을 그만두고 세상 밖으로 나온 그는 "인간관계를 처음부터 다시 배우려 한다"며 자세를 한껏 낮추었고, "같이 밥 먹을래요?"라고 조심스럽게 제안해 왔다. 그렇게 나는 한 교수의 사회 친구가 되었다. 인터뷰란 그런 속성을 지녔다. 누군가의 마음을 진심으로 궁금해 하고, 묻고, 온몸으로 들어주는 일. 그런 열 시간의 대화는 십년지기 친구보다 관계의 밀도를 높일 수 있다. 진심의 대화는 그렇게 사람과 사람 사이의 담을 허물어뜨리고 영혼을 정화하는 힘이 있다.

허물없는 대화의 소재는 다양했다. 그의 부모님을 비롯한 가족사, 로마 교황청에서 겪은 일들, 그 안에서 보고 느끼고 깨달은 삶의 원리 등. 나 역시 회사에서 겪은 일들이나 두 아이를 키우면서 고민되는 부분을 진솔하게 털어놓곤 했다. 특히 한국 교육에 적응하기 힘들어하면서 방황하는 둘째 아이에 대해 종종 공부 상담을 했는데, 어느 날 그는 아이에게 편지를 써 주었다. 편지는 아이를 향한 것인 동시에 세상의 모든 학생을 위한 내용이기도 했다. 한동일 교수님과 아이의 허락을 구해 편지의 일부를 공개한다.

정빈 군에게.

나와 비슷한 그러나 다른 것을 경험하고 있는 그대에게 나의 작은 생각을 공유하는 것도 나쁘지는 않을 것 같기에 이 글을 보냅니다.

모든 것은 생각에서 시작됩니다. 아픔이든 새롭게 결심하겠다는 생각이든 말이지요. (중략) 그 생각에는 논리라는 힘이 있어야 하고, 그 논리는 단순한 논리에 그치는 것이 아니라 상대방 이전에 무엇보다 자신에게 감동을 줄 수 있는 설득이어야 합니다. 그런데 생각의 제한을 풀고 앞으로 나아가다 보면 필연적으로 자신이 선택한 고통과 마주하게 됩니다. 그리고 이전의 아픔이 계속해서 나를 붙잡을 수도 있고요. 그런데 여기서 잠깐 이런 생각을 하게 됩니다. 고통과 아픔이란 것도 나의 의사와 상관없이 외부에서 밀려오는 고통과 내가 선택한 고통이 있을 수 있겠다는 생각 말이지요. 사실 대부분의 사람이 나의 의사와 상관없이 외부에서 밀려오는 고통과 아픔으로 힘들어하며 살아갑니다.

하지만 우리가 생각한다는 것은 어떤 것에 대한 선택을 의미하고, 그 선택으로 인한 고통이 따르게 마련입니다. 그것은 이전의 정빈과 이후의 정빈으로 나뉘게 만듭니다. 인생이 고통의 바다라고 한다면, 내가 선택하지 않은 길에서 마주하는 고통과 아픔보다 내가 선택한 길에서 마주하는 고통과 아픔으로 힘들어하는 정빈 말이지요.

자신이 선택한 고통을 이겨 낸 사람에게는 아픔이 스토리가 됩니다. 정빈 군의 인생 가운데 타인으로 인한 힘듦으로 나의 발길이 꼬였다는 것은 타인의 책임이지만, 오늘 이후로는 오로지 나의 선택과 책임이 되게 했으면 좋겠습니다. 누구 때문에 내가 무너지는 것에 대한 가장 큰 손해는 바로 나 자신이기 때문입니다. 정빈 군에게 이 이야기를 하며 저의 10대 때를 떠올려 봅니다. 저의 가정 환경은 참 힘들었습니다. 그래서 많은 순간 저의 부모님이 한심하고 원망스러울 때가 참 많았습니다. 그런데 어느 날 우연히 "부모는 나를 이 세상에 태어나게 한 것으로 모든 역할이 끝났다. 이후의 삶은 오로지 나에게 책임이 있다"라는 생각을 하게 되었습니다. 단지 그 생각이 결심이 되었을 뿐인데, 엄청나게 불편했던 부모님과 가정 환경이 나의 걸림이 되지 않는 신기한 경험을 하게 됐습니다. 그리고 그 지난한 과정을 거치며 나의 아픔은 스토리가 되었습니다. 나는 정빈 군도 아픔이 스토리가 되게 만들었으면 합니다.

2017년 에든버러에 일로 갔다가 그곳에서 폴 오스터Paul Auster 작가의 저자 강연회가 있다는 소식을 듣고 참석하였습니다. 강연 중 제일 제게 꽂힌 이야기는 이것이었습니다. "나는 나의 재능을 아주 일찍 발견하는 커다란 행운이 있었지만, 그것이 꽃피는 데는 엄청난 시간이 걸렸다." 아픔이 스토리가 되게 하는 데는, 재능이 꽃피는 데 걸리는 시간처럼 지난한 과정을 요구합니다. 나는 그것을 정빈 군이 이미 알고 있다고 생각합니다. 그리고 다시금 묻고 싶습니다.

나는 나의 의지와 상관없이 외부에서 밀려오는 고통으로 힘들어하는 사람으로 남을 것인가, 아니면 내가 선택한 고통으로 힘들어하는 사람이 될 것인가?

한동일 씀

"
잘하고 못하고가 아니라,
마치는 연습을 해야 해요.
특히 공부는 매듭을 짓는
과정이 중요합니다.
그 과정에서
나를 알 수 있어요.
"

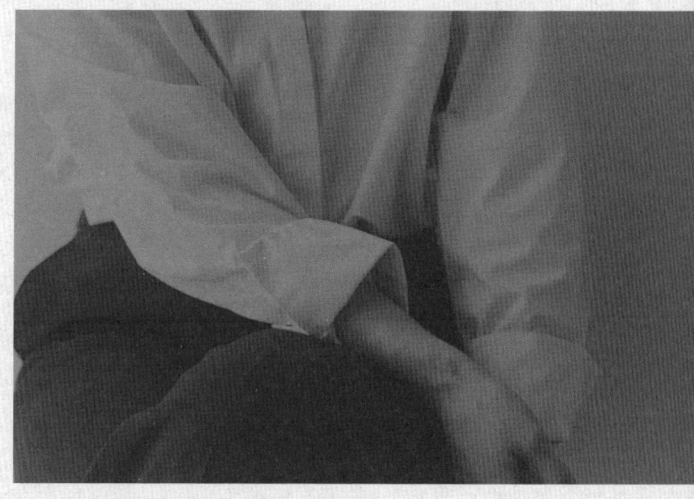

삶을 뒤흔든 열두 번의 만남

04

interviewee	keyword
김창완	**자유**

sentence

"새들은 주머니가 없다"

김창완

싱어송 뮤지션이자 배우, 라디오 DJ이자 작가. 1977년 록 밴드 '산울림'으로 데뷔했고, 1978년부터 꾸준히 라디오 프로그램을 진행하면서 동시대인들과 호흡해 왔다. 1020세대부터 5060세대까지 팬층이 넓다. 대표곡으로 〈아니 벌써〉, 〈청춘〉, 〈너의 의미〉, 〈산 할아버지〉, 〈개구쟁이〉 등이 있다. 에세이 『이제야 보이네』, 『찌그러져도 동그라미입니다』, 소설집 『사일런트 머신, 길자』, 동시집 『무지개가 뀐 방이봉방방』, 그림책 『개구쟁이』 등을 썼다.

세상의 이치를 다 깨친 어른은 어떤 얼굴일까. 생로병사를 해탈한 신선의 얼굴일까, 아니면 텅 빈 백지처럼 해맑은 동자의 얼굴일까. 여기에서 질문이 피어난다. 그렇다면 어른은 어떤 존재인가. 모든 것을 다 아는 사람인가, 아니면 앎과는 무관하게 모든 것을 흡수할 줄 아는 사람인가.

'어른은 어떤 존재인가'에 대한 정답 같은 건 없다. 1,000명이 있으면 1,000개의 답변이 있을 것이다. 그리고 그 답변은 자신이 살아온 삶의 철학을 반영한다. 어떤 삶을 살아 내겠다는 지향점은 곧 어떤 어른이 되고 싶다는 바람으로 이어진다. 내가 생각하는 진정한 어른은 '채움'보다 '비움'에 가깝다. 지식과 지혜, 자기만의 기준과 방식을 꾹꾹 쌓아 두기만 해서 틈이 없는 사람보다 여백이 많은 사람이길 바란다. 그래야 다른 생각을, 다른 사람을 품을 수 있으므로.

가수이자 배우, 작가이자 라디오 DJ로 성실한 일상을 빼곡히 채워 나가는 김창완. 그의 정체성을 한마디로 규정하기는 쉽지 않다. 다만 김창완을 보면서 '비워진 수레' 같다는 생각을 했다. 빈 수레가 아니라 비워진 수레. '빈 수레'는 처음부터 아무것도 없지만, '비워진 수레'는 꽉 차 있던 것들을 방금 비워 낸 상태를 의미한다. 그는 쉬지 않고 자신만의 수레에 뭔가를 채우지만, 또 그만큼 부지런하게 수시로 비워 낸다. 그래서 그의 수레는 만물상이다. 온갖 것들을 담을 수 있다. 나와 다른 생각을 하는 사람도, 그때그때 차오르는 상념도, 스쳐 지나는 바람의 느낌도. 나이 들면서 생기기 쉬운 고집과 아집, 틀과 고정 관념을 담아 두지 않기에 가능한 일이다.

그가 걸어온 길 역시 하나로 수렴되지 않는다. 사람들이 그를 기억하는 방식 역시 제각각이다. 50대 이상은 '산울림'의 리더로, 3040세대는 '산 할아버지 구름 모자 썼네~'나 '꼬마야~ 꽃신 신고 강가에 나가 보렴' 같은 동요나 드라마 「하얀거탑」의 노련한 악역 연기자로, 20대 이하는 가수 아이유와 함께 〈너의 의미〉를 부르는 아저씨로 기억할지 모르겠다. 드라마 「별에서 온 그대」의 도민준 아빠나, 어린이 드라마 「요정 컴미」 명태 아빠로 떠올리는 이들도 있다. 또 있다. 출판계에서 김창완은 '베스트셀러 에세이스트'로 알려져 있다.

내가 가장 놀란 것은 그가 65세에 첫 동시집을 낼 때였다. 제목은 『무지개가 뀐 방이봉방방』. 무지개가 뀐 방이봉방방이라니. 누가 봐도 '방귀 뽕'을 연상시키는 익살맞은 제목의 동시집을 60대 중반이 다 되어서야 내다니. 미취학 아이들이 킥킥대면서 좋아할 만한 똥이나 방귀를 소재로 동시집을 내는 저 순진무구한 감성은 도대체 어떻게 가능한 걸까. 김창완의 나이 듦의 방식이 궁금했다. 또 보이는 '느림' 이미지에 감춰져 있을 '성실'의 방식도 궁금했다.

65세에 첫 동시집을 내셨더군요.
"나이 의식을 안 하고 살아요. 나이에 대한 감각이 전혀 없어요."

하지만 역설적이게도 선생의 노래에는 나이를 거론한 부분이 많아요. 김창완밴드 1집 앨범 《길》에는 "열세 살 이후로 젊다는 생각을 해본 적이 없는 나는"이라는 가사가 있고, 김창완밴드 EP앨범 타이틀곡 제목은 〈열두 살은 열두 살을 살고 열여섯은 열여섯을 살지〉예요.
"흐흐흐흐, 환갑이나 열세 살이나 다 거기서 거기야. 열세 살 이후로 젊다는 생각을 안 해 봤다고 했잖아요. 그때보다 지금 세상이 더 잘 보이거나 하지도 않아요. 진짜. 안 보이던 게 보이는 것도 있지만, 보이던 게 안 보이는 게 더 많아요. 눈도 잘 안 보이고, 사물을 판단하는 것도 흐려지고."

나이 듦을 생의 기승전결로 인식하지 않나 보군요.

"그 나이의 인간이 어떻게 생겨 먹어야 된다는 콘셉트는 없어요. 건강 상태는 늘 별로지만 마음 상태는 열다섯 살이에요. 얼마 전 이런 생각을 했어요. '여든 살도 어리다, 열다섯도 늙었다.' 여든이 되어도 모르면 애죠."

보통 '나이 들수록 시간이 빨리 흐른다'고 하잖아요. 『나이 들수록 왜 시간이 빨리 흐르는가』라는 제목의 과학서도 있고요. 20대에는 시속 20킬로미터, 30대는 30킬로미터, 60대에는 60킬로미터로 흐른다는 게 정설처럼 받아들여집니다만.

"난 아니에요. 어릴 때 시간이 훨씬 빠르게 흐르는 것 같아요. 다들 그렇게(나이 들면 시간이 빨리 간다) 합의를 본 것 같은데, 만약 그렇다고 해도 그렇게 생각하지 마세요. 백수 시절에 방에서 해를 가만히 보고 있을 때가 생각나요. 캄캄한 방에서 그림자를 계속 보고 있으면 벽지 무늬에 해가 '사악~' 가는 게 보여요. 그렇게 무료하고 할 일 없는 백수의 시간이 길다고 할 수 있을까? 안 길어요. 요즘 사람들 100만분의 1초씩 사는 것 같아도, 원두막에서 오후 내내 참외 하나 깎아 먹은 할아범보다도 더 시간을 물같이 흘리는지도 몰라요."

에세이 『이제야 보이네』는 100세 넘은 도인이 임종을 앞두고 하는 말 같다는 생각이 들었어요. 그렇게 밀도 있는 생각이 차오르려면 비울 시간이 필요할 텐데요, 그 빽빽한 스케줄을 소화하면서 언제 그런 생각을 하세요?

"여유가 있어서 생각이 차는 건 아니고, 늘 깨어 있으려고 해요. 그런데 깨어 있는 것보다 더 무서운 건 자기가 자기라고 판단하는 거예요. 마이클 키멜만이라는 사람이 쓴 책『우연한 걸작』에 이런 에피소드가 있어요. 어떤 행위 예술가가 망망대해를 헤엄쳐 가요. 처음엔 죠스(상어)가 나타나면 어떡하나, 걱정하면서 가요. 그런데 어느 순간 자기가 없어지더래요. 자기가 없어지면 두려움도 없지요. 바다와 하나가 되는 거죠. 나도 비슷한 경험을 했어요. 산에서 자전거를 타고 침엽수림을 지나가는데, 갑자기 내가 숲이 됐다는 생각이 스쳤어요."

아…….

"늘 이 순간이 절정이에요. 절정이 이 순간이고. 나를 드러내려 할 때보다 나를 놔 주려 할 때 더 나답다고 느껴요. 나답지 않은 일에 매달려 있을 때는 아무리 바빠도 사람들이 나에 대한 존재감을 크게 느끼지 못하는 것 같아요."

나다운 건 뭔가요?

"노는 것(웃음). 자전거 타는 게 제일 좋아요. 자전거 타고 왔다 갔다 하는 게 가장 좋아요."

그럼 두 번째는요?

"2차 갈 때(웃음)? 그런데 어떤 날은 따분한 수십 년의, 혹은 지난봄의, 혹은 지난여름의 어느 한날 같은 오늘일 수도 있지만, 또 어떤 날은 내 생애 첫날같이 '번쩍'하고 열리는 날이 있어요."

그런 날은 느닷없이 오나요?

"그렇죠. 언제 올지 알 수 없죠. 그건 추억과는 너무나 다른 희열이에요. 그런데요, 나 지금 졸아 있잖아요. '그런 경이로운 순간이 언제였어요?'라고 물으면 뭐라고 답해야 하나, 싶어서. 그런데 딱 생각났어요. 몇 년 전의 일이에요. 자전거 타고 집에 가는데, 계속 가면 집인데, 그냥 가기 싫은 거라. 아라뱃길로 그대로 갔어요. 돌아오기까지 시간이 꽤 걸려요. 해가 뉘엿뉘엿 지고 있어요. 그때 거기서 바라보던 마포대교 밑 한강. 캬! 참 좋았어요. 지금도 참 좋아요. 햇살이 쫙 비치고, 살랑거리는 바람에 연두가 흔들리고."

이거 아니면 안 된다는 간절한 대상이 있는지요.

"없는 것 같아요. 매사를 자기한테 귀속시켜 버리면 아주 묘한 메커니즘에 걸려요. 나를 놔 버리려고 노력해요. 내가 간절히 원하는 걸 생각하다 보면 자가당착에 빠지게 돼요."

그런데 역설적이게도, 대화를 나눌수록 스스로에게 엄격한 모습이

> 이거 아니면 안 된다는
> 간절한 대상은 없는 것 같아요.
> 매사를 자기한테 귀속시켜 버리면
> 아주 묘한 메커니즘에 걸려요.
> 나를 놔 버리려고 노력해요.
> 내가 간절히 원하는 걸 생각하다 보면
> 자가당착에 빠지게 돼요.

보여요.

"엄격하죠. 무지하게 엄격해요. 아까 시간 이야기도 나왔잖아요. 저는요, 시계추처럼 똑!딱!똑!딱! 이 위에서 움직이는 사람이에요. 일상에서만 왔다 갔다 하죠. 어느 단편 영화가 생각나요. 오늘은 해가 두 개 뜨고, 내일은 해가 반 개만 떴다가, 모레는 별이 무수하게 뜨고, 그다음 날에는 달이 없는 그런 세상이 배경이에요. 그런 세상에서 우리가 어떻게 살겠어요. 심심하고 단조로운 일상이야말로 오늘의 변화를 알 수 있게 해 주는 캔버스예요. 일상이 롤러코스터처럼 다이내믹하다면 뭐를 할 수 있겠어요? 아무것도 못하죠. 극히 단조로운 일상을 만들어 놓는 것이야말로 내가 술맛을 즐기고, 어떤 꿈을 꾸고, 멋진 상상을 할 수 있는 기틀이에요. 대부분의 사람들은 제가 무지하게 다이내믹한 일상을 살 것이라고 생각하는데, 전혀 아니에요. 이제까지 국내외로 무수한 공연을 다녔지만, 저는 아무 데도 안 가요. 여행도 안 다녀요."

'아홉 번째 전성기'라는 말이 있을 정도로 공백 없는 전성기를 누려 왔어요. 스스로는 그 비결이 어디에 있다고 보세요?

"사람들이 잘 모르는 게 있어요. 저는 사람들이 있는 데 가서 있었어요. 사람들이 저를 찾은 게 아니라, 제가 사람들을 찾아다닌 거예요. 농담 같지만 진짜예요. 저를 누가 찾아요. 눈에 띄는 데 있었던 거죠."

그 또한 성실성의 증표군요. 쉬고 싶다는 생각은 안 드세요?

"사람들은 제가 무슨 쓰임이 있어서라고 생각하는데, 그렇지 않아요. 아무리 작은 일이라도 늘 천직이라고 생각하고 해 왔어요. 내가 할 수 있는 일을 최대한 하면서 살아왔을 뿐이에요. 우리 아들도 그렇게 말해요. '아버지는 어떤 이미지야?' 물었더니 '성실하세요' 한마디로 말해요. 여유가 체질적으로 안 맞아요. 워낙 빡빡한 삶에 익숙해서인지."

선생은 왜 바쁜 티가 안 날까요? 많은 일을 소화하려면 조급해져서 '지금 이 순간'을 즐기기 힘든 게 일반적인데요.

"사람들이 바쁜 건 분열적이라서 그런 거예요. 자기가 에고와 딱 밀착이 안 돼 있어서 그래요. 지금의 내가 실존적으로 나를 만나고 있으면 바쁘지 않아요. 내가 누구이고, 누구의 누구이고 이런 식으로 나를 거쳐서 다가가는 게 아니라, 지금의 내가 나인 거예요."

우아한 백조가 떠오르는군요. 겉으로는 유유자적하지만, 물밑에서는 분주한 물질을 해 대는 백조. 왜 그토록 쉼 없이 치열하게 살아 냅니까? 혹 내가 보고 느끼는 걸 다른 사람들도 보고 느꼈으면 좋겠다는 사명감 같은 게 있나요?

"나는 그렇게 친절하지 않아요. 제 동기 부여는 간단해요. 즐

"
지금의 내가 실존적으로
나를 만나고 있으면 바쁘지 않아요.
내가 누구이고,
누구의 누구이고 이런 식으로
나를 거쳐서 다가가는 게 아니라,
지금의 내가 나인 거예요.
"

거우면 해요. 글쓰기가 재밌으면 글을 쓰고, 노래를 만들고 싶으면 노래 만들고 그럴 뿐이지, 제가 무슨 사명감이 있겠어요? 그냥 편안하게 살아요. 어느 날은 이거 하고 싶다, 어느 날은 또 갑자기 저거하고 싶다 하는 마음이 들면 대체로 마음대로 삽니다."

그야말로 종심從心의 경지군요. 그런 편안한 경지에 이르기까지 지켜온 룰 같은 게 있는지요.

"특별히 없어요. 다만 뭐든 그 자리에서 바로 해요. 즉결즉행即決即行. 즉시 결정하고, 즉시 행해요. 미루기를 안 합니다."

천성인가요?

"아니에요. 습관을 그렇게 만들었어요. 그게 좋은 면도, 나쁜 면도 있는데, 저는 그게 좋았어요. 삶을 활기차게 하죠. 미룬다는 건 여기(가슴)에 담아 둔다는 거잖아요. 담아 두는 건 다 짐이에요. 행복도 지금 행복하면 되고, 슬픔도 지금 슬퍼하면 돼요. 새들은 주머니가 없어요. 인간이 그토록 희구하는 새의 자유로운 삶은 거기에서 나와요. 자유롭고 싶으면 주머니가 없어야 해요. 담아 두는 게 없어야 해요."

누군가가 미울 땐, 그럴 땐 어떻게 합니까?

"미워할 수밖에 더 있어요? 내가 무슨 재주가 있겠어요. 티를 낼 수밖에요. 우리 세 식구 카톡에서 나와 버린 게 수십 번이에요. 한마디만 빈정 상하면 바로 탈퇴해요(웃음)."

그에게 묻고 싶은 세계 중 하나는 '언어'의 포착이었다. 그는 무심히 지나치는 일상의 언어에 멈춰서서 이면의 얼굴을 찾아내 들이민다. 가령 그의 시 「받아쓰기」에는 이런 구절이 나온다.

꽃은 꽃이라고 쓰고 / 병아리는 병아리라고 썼는데 / 무지개는 무지게라고 썼어 / 무지개는 너무 무섭지 않아? / 무지 무서운 개 같지 않아? / 무지개 무지개 아~ 무서워

무지개에서 '무지 무서운 개'를 읽어 내는 맑은 시선이란! 그는 동심에 대해 이렇게 말했다. "세상을 보던 나의 은유가 동날 때쯤 또 다른 세상을 보는 눈이 생겼다. 그게 동심이었다."

그 순간이 궁금해요. 동시의 언어를 포착하는 순간. 동시의 언어는 찾아오나요, 아니면 샅샅이 찾으러 다니나요.
"떨어지는 거예요. 뚝 떨어져요. 그냥 목련 지듯이 속절없이 떨어지는 어떤 말들. 곰곰이 캐고 캐서 잡은 것이 없지 않지만, 그렇게 포획된 말들은 별로 없어요. 대부분은 목련꽃 지듯이, 누가 치는 것 같이 그렇게 떨어져요."

그다음은요?

"누가 날 쳤지? 뭐가 날 스쳐 간 거야? 하는 그 순간의 그 무엇이 언어로 포착될 때도 있지만, 언어로 포착되면 이미 이성의 필터를 거쳤기 때문에 감흥이 별로 없어요. 글쎄, 뭐가 있는데, 그래 맞아. (창밖을 보면서) 저게 연두라고 하기엔 너무 지났고, 아직 여린 봄빛이 남아 있는데, 저게 뭘까? 연두가 아니라 뭐라고 해야 할까? 그런 순간이 있는 거예요. 그다음엔 솎아 내기를 하는 거죠. 파스텔은 아니야, 햇살도 아니고, 하는 식으로 뭔지 모르지만 아닌 것만 아는 거예요. 그렇게 들어가다가 언어로 걸러질 때도 있고, '못 찾겠다 꾀꼬리' 할 때도 있고."

스쳐 지나가는 언어를 사라지기 전에 포획하기 위한 방법 같은 건 있기나 할까요?

"있어요. 이미지나 상태를 가두리에 몰아요. 심리적인 여러 상태가 막 화학 작용을 일으켜요. 사물이라는 건 아무리 쳐다봐도 본질을 알기 힘들잖아요. 연상 작용을 하죠. '그때 누구랑 있었지, 왜 하필 거기에 있었을까' 식으로 다른 방식의 연상을 해요. 좀 더 구체화된 실체에 접근할 수 있죠."

그렇게 고통스럽게 언어를 포획해도 본질에 닿긴 힘들죠. 잡으려 할수록 끊임없이 미끄러지는 게 언어의 속성이기에. 선생님이 쓰신 환

"
저는요, 시계추처럼 똑!딱!똑!딱!

이 위에서 움직이는 사람이에요.

일상에서만 왔다 갔다 하죠.

어느 단편 영화가 생각나요.

오늘은 해가 두 개 뜨고, 내일은 해가 반 개만 떴다가,

모레는 별이 무수하게 뜨고,

그다음 날에는 달이 없는 그런 세상이 배경이에요.

그런 세상에서 우리가 어떻게 살겠어요.

심심하고 단조로운 일상이야말로

오늘의 변화를 알 수 있게 해 주는 캔버스예요.
"

상 소설 『사일런트 머신, 길자』를 읽다 보니 언어라는 수단이 얼마나 불완전한지 아프게 느껴져서 슬펐습니다. 소통을 위해 존재하는 언어가 오히려 진정한 소통을 멀어지게 하는 모순.

"그렇게 슬퍼할 일만은 아니에요. 소통의 어려움이 주는 안도감이 있거든요. 외국 여행을 갔는데, 전 세계의 언어가 다 통해서 소통의 불편이 없으면 여행의 맛이 반감될 거예요. 불통이야말로 여행의 필수 조건이자 즐거움이 아닌가 싶어요. 사람은 워낙 불완전한 존재니까 마음 쉴 곳을 찾게 마련 아니에요? 그래서 생겨나는 나약함이나 불안 이런 것까지 부정할 생각은 없어요. 다만 불안은 불안으로 견뎌 낼 일이죠. 수없는 슬픔을 겪었지만 슬픔을 치료해 주는 건 시간이더라고."

슬픔 이야기가 나왔으니 여쭈어 봅니다. 동생 창익 씨를 갑자기 잃은 슬픔도 시간이 치료해 주던가요?

"어느 정도. 더 이상 덜 슬퍼지지는 않던데요? 그 순간이 딱 있어요. 슬픔 덩어리가 작아지다가 더 이상 작아지지 않는 순간. 그때가 오면 그냥 꿀꺽하고 삼키게 돼요."

창익 씨가 없는 세상은 아무래도 이전 세상과 달리 보이겠지요.

"옛날에는 철딱서니 없이 세상이 코발트색으로 보였는데, 지금은 완전히 달라졌어요. 집착도 많이 없어졌고. 워낙 바라는 게 많지 않았지만, 더 이상 바라는 것도 없어졌어요."

———•●•———

그는 인터뷰 중에 자주 활짝 웃었다. 맑고 크게. 꼬마 아이의 천진난만함과 세상을 해탈한 할아버지의 표정이 겹치는 미소였다. 동자童子와 신선은 한 끗 차이라 했다. 모든 것을 알지만 아무것도 모르는 표정, 천진무구한 아이의 시선과 만년의 운명을 겪어낸 도인의 표정. 그에게는 극과극의 얼굴이 동시에 있었다.

어느 겨울 그는 시 한 편을 보내왔다. 제목은 「겨울 모기」.

새벽에 모기를 잡았다 / 손바닥에 뭉개진 / 몸뚱이와 피 한 점 / 한여름내 득실거려도 / 모기장에는 못 들어왔는데 / 이제는 한 뼘 틈새로 / 제 집 드나들 듯 한다 / 불과 가을 한 철에 / 모기장 뚫는 법을 깨우쳤다 / 소리 없이 나는 법도 알아냈다 // 70이 되도록 나는 / 무엇을 배웠단 말인가 // 세면대에 가 손을 씻는다 / 모기의 학습을 씻는다

70세가 된 김창완이 쓴 시다. 이 시를 읽어 내려가면서 나이 든다는 건 꽤 근사한 일이라는 생각을 하게 되었다. 감상을 전하자 그는 이런 답을 보내왔다. "나이가 드는 건 행복한 일입니다. 나

이가 아주 많이 드는 건 아주 행복한 일입니다."

　김창완의 인생은 찬란한 순간들의 합이다. 지금, 여기, 나 자신에게 집중한 삶은 그를 '우아한 성실주의자'로 만들었다. 그가 인터뷰에서 건넨 반짝이는 언어들을 곱씹어 본다. '새들은 주머니가 없다. 자유를 원하면 뭐든 담아 두면 안 된다', '에고가 밀착돼 있으면, 내가 나의 실존과 만나고 있으면 바쁘지 않다'는 말이 유독 마음에 남는다. 그래서 그는 아무리 바빠도 분주하지 않았고, 스스로의 가능성을 무한 확장하면서 점점 넓어지고, 깊어지고 있다. 과거와 미래로 분열되지 않고 오롯이 '여기'에 존재하는 주체는 충만하다.

"
미룬다는 건 여기(가슴)에 담아 둔다는 거잖아요.
담아 두는 건 다 짐이에요.
행복도 지금 행복하면 되고,
슬픔도 지금 슬퍼하면 돼요.
새들은 주머니가 없어요.
인간이 그토록 희구하는
새의 자유로운 삶은 거기서 나와요.
"

삶을 뒤흔든 열두 번의 만남

05

interviewee
이광형

keyword
아웃사이더

sentence

"타인의 욕망을
욕망하지 마세요"

이광형

카이스트 17대 총장. 괴짜 총장, 거위 아빠, 미소 아빠 등의 별명이 따라다닌다. 전산학과 교수 시절, 한국 1세대 벤처 창업가들을 배출해 '벤처 대부'로도 불린다. 카이스트 최초의 융합학과인 바이오및뇌공학과를 신설했고, 국내 첫 미래학 연구 기관인 문술미래전략대학원 설립을 주도했다. SBS 드라마 「카이스트」에 등장하는 괴짜 교수의 실제 모델이기도 하며, 『우리는 모두 각자의 별에서 빛난다』, 『미래의 기원』 등을 썼다.

─•◦•─

　50년 넘게 아웃사이더로 살았다. 무리에서 늘 외톨이였다. 함께 모여 이야기를 나눠도 외딴 섬에 격리된 듯한 깊은 외로움. 저들의 환담이 무르익을수록 그의 소외감은 더 짙어 갔다. 스스로 잘하는 게 하나도 없다고 느꼈다. 특별한 재능도, 남다른 개성도, 말주변도 없으면서 친구들과도 잘 어울리지 못한다고 여겼다. 카이스트 교수가 돼서도 꽤 오랜 기간 그랬다. 괴짜 총장 이광형.

　"늘 아웃사이더의 삶이었습니다. 메인스트림의 삶을 살게 된 건 10년도 되지 않아요. 반전이죠, 반전."

　그가 주목받은 건 역설적이게도 아웃사이더의 삶 덕분이다. 15년 전부터 텔레비전을 거꾸로 돌려놓고 보고, 종종 서류도 거꾸로 보는가 하면, 세상에 존재하지 않는 이른바 '미존未存' 수업을 개설해 이끌었다. 전산학과 교수 시절, "아무도 풀 수 없는 문제를 내라"는 문제를 내고, "내 컴퓨터를 해킹하라"는 특명(?)으로 캠퍼스를 뒤집어 놓은 인물이기도 하다. 삭막한 캠퍼스에는 시장에서 사 온 거위들을 몰래 풀어놓고 시치미 떼는가 하면, 이상해 보이는 연구에 빠져 제적 위기에 놓인 학생들을 어떻게든 구제했다. 틀과 고정 관념, 편견과 꽉 짜인 패턴은 그가 질색하는 것들이었다.

2021년 2월 23일, 총장 취임 때도 그는 엉뚱한 주문을 했다. "공부를 덜 하라, 그리고 실패하라." 그해 바로 '카이스트 실패 연구소'가 들어섰다. 실패에서 배운 점이 있으면 성공으로 재해석해주는 연구를 하는 곳이다. 그런가 하면 '카이스트 크레이지 데이'도 있다. 독특하고 기이한 아이디어를 낼수록 빛나는 날.

그는 말한다. 괴짜가 세상을 이끈다고. 이미 만들어진 세상에 만족하지 않고 주도적으로 변화를 시도하는 이들이 세상을 바꾼다고. 그러면서 당부한다. 누구나에게 잠재돼 있는 자기만의 괴짜성을 잃어버리지 말길. 타인의 욕망을 욕망하지 말고, 자기 안의 반짝이는 별빛을 감각하길. 그리고 그 별이 자기답게 반짝일 수 있게 내면의 목소리를 따라가길······.

그와 서울 강남구 카이스트 도곡캠퍼스에서 마주 앉았다. 이 눈빛을 안다. 나이와 무관하게 호기심에 빛나는 아이 같은 눈빛. 궁금한 것이 있으면 미치도록 알고 싶어서 별처럼 반짝이는 눈빛. 그는 인터뷰 도중 자주 웃었고, 자주 눈물을 비쳤다. 감정 표현에도, 상황 설명에도 이례적일 만큼 투명하고 진솔했다.

오랫동안 무리의 '아웃사이더'로 살아오셨고, '괴짜 총장'으로 불리고

있어요. 괴짜는 어떤 존재인가요?

"괴짜는 남과 다르게 생각하는 사람입니다. 이제는 괴짜에 대한 정의를 이렇게 좋게 내립니다. 흔히 괴짜를 남과 달라서 튀는 사람, 사회에 적응하지 못하는 사람이라고들 하는데, 내가 생각하는 진짜 괴짜는 남들이 뭐라고 하든 자신이 하고 싶은 것을 찾아서 용기 있게 실행에 옮기는 사람이에요."

'괴짜부심'이 있으세요?

"웬걸요. 사실 자신감이 없었을 땐 괴짜라는 말을 듣는 걸 싫어했어요. 자신감이 생긴 지 얼마 안 됐어요. 한 10년 됐나? 교수 생활의 3분의 2는 자신감 없이 살았어요. 많이 힘들었습니다. 괴짜들이 살아남기 쉽지 않아요. 수많은 고정 관념과 불편한 시선이 있죠. 공동체에서 외톨이가 되기 쉬워요. 하지만 괴짜들이야말로 기존 세상에 안주하지 않고 늘 뭔가를 바꾸려 하는 사람들이에요. 이 사람들이 마음껏 괴짜다움을 발휘하는 세상이 되면 좋겠습니다."

50대 중반이 돼서 없던 자신감이 생겼다니요. '나를 믿는 힘'은 선천적인 줄 알았는데, 아닌가 봅니다.

"인생이 그렇더군요. 늘 자신감 없이 살아오다가, 내가 꾸준히 시도해 온 것들이 인정을 받으면서 달라졌습니다. 한 예로

2001년에 처음 바이오및뇌공학과를 만들 때도 그래요. 없던 걸 추진하자니 반대도 심하고 삐걱거리는 부분도 많았어요. 저 역시 안 될까 봐 불안했습니다. '진짜 안 되면 어떡하지?' 하는 걱정이 많았지만, 밀어붙였어요. 시간이 지나서 '아 그때 만들길 잘했구나'라는 확신이 생기면서 생각이 달라지더군요. 남들이 뭐라고 하든 나를 믿게 됐습니다."

세상에 없던 새로운 걸 시도하는 과정에는 늘 안티 세력이 있게 마련인데요.
"외로웠습니다. 그리고 힘들었습니다."

그렇게 말하는 이광형 총장의 눈가가 벌게졌다. 고이는 눈물에 스스로도 당황했는지 입가를 한껏 벌려 머쓱한 듯 웃음을 지어 보였다. 맑은 미소였다. 그렁그렁 맺힌 눈물이 소년 같은 눈빛을 더 투명하게 만들었다. 나는 침묵의 시간을 지켜 주었다. 이 총장은 창가 쪽으로 시선을 돌려 한참을 바라봤다. 그리고 잠시 후 다시 고개를 돌려 희미하게 웃었다. 대화를 이어 가도 좋다는 사인 같았다.

아이고, 많이 힘드셨나 봐요.
"이야기하다 보니 그때 감정이 올라와서……. 주책맞게 눈물을 보였네요. 중고등학교 때까지는 그래도 괜찮았어요. 그런데 대학교 입학 이후 달라졌어요. 어느 순간 외톨이가 된 기분을 자주 느꼈습니다. 처음엔 열 명쯤 다 같이 이야기를 나누다가, 이야기가 무르익으면서 하나둘 친구들이 사라지고 어느 순간 나 혼자 남아요. 그걸 발견하는 내 자신이 너무 싫었어요."

그런 마음이 들 때 선택은 크게 두 가지 같아요. 한없이 빠져들어서 패배감에 젖어 있거나 나를 객관화해 바라보면서 상황에 대한 타개책을 찾거나.

"결국 내 길은 실력이구나, 실력으로 증명할 수밖에 없겠구나' 싶었어요. 친구들이 나만 빼고 술 마시고 놀 때, 교수가 된 후 배척당하는 느낌이 들 때마다 그런 다짐을 했습니다. 공부로, 논문으로, 연구 실적으로 나를 증명해 보이겠다고."

반대 세력을 만났을 때는요?

"미래를 믿었습니다. '이 일은 언젠가 될 거야. 될 수밖에 없어. 그러니까 가는 거야'라는 믿음. 순교자들의 마음이 이해가 됐습니다. 죽으면 천당에 갈 수 있다는 믿음이 순교자의 길을 선택하게 하듯, 미래에 대한 믿음이 있었기에 가능했어요. 배척당하고 고난을 겪어도 최후의 승자가 될 수 있다는 믿음."

시간의 힘을 믿는 것이 중요하군요.

"그렇습니다. 저는 뭔가를 시도할 때 시간을 봅니다. 현재는 이렇지만 미래에는 이렇게 될 것이다, 라는 생각을 많이 해요. 대부분의 사람들은 미래를 생각하지 않고 현재 시점에서 생각하고 안 된다고 해요. 미래를 보고 나를 믿고 노력하면 다 되게 돼 있어요."

10년 후 미래 달력을 가까이에 두고 수시로 넘겨 보는 것도 그런 이유인가요?

"모든 변수에 시간을 대입해 생각합니다. 저는 머리 회전이 그다지 빠르지도 않고 힘이 세지도 않아요. 장점이 있다면, 끈기와 집요함이에요. 그냥 오랫동안 버팁니다. 그걸 버티게 해 주는 힘은 동적 세계관이에요. 세상은 항상 변합니다. 자연법칙은 변하지 않지만, 인간관계와 기술 등은 한순간도 머물러 있지 않아요. 사람도 상황도 바뀌죠. 지금은 반대하는 사람이 나중에는 생각이 달라질 수 있고, 결정권자가 다른 사람으로 바뀔 수도 있지요. 10년 후 달력을 보면서 '그때는 어떤 세상일까'를 상상합니다. 자극을 받아요. 지금 안 되는 것을 기다리게 하는 힘을 주기도 하고요."

그분들과는 요즘엔 어떻게 지내나요? 한때 총장님을 왕따시키고 배척하던 분들과.

"다 잊었죠. 잊었다기보다 그런 일이 없었던 것처럼 지내요.

> 세상은 항상 변합니다.
> 자연법칙은 변하지 않지만,
> 인간관계와 기술 등은 한순간도 머물러 있지 않아요.
> 사람도 상황도 바뀌죠.
> 지금은 반대하는 사람이 나중에는 생각이 달라질 수 있고,
> 결정권자가 다른 사람으로 바뀔 수도 있지요.
> 10년 후 달력을 보면서
> '그때는 어떤 세상일까'를 상상합니다.

그런데 사실 잊히지 않아요. 인간이 인간에게 받은 상흔은 쉽게 낫지 않는 것 같더군요."

그 외롭고 고통스러운 시간을 어떻게 돌파해 냈는지요.
"인간의 마음을 다룬 인문학 책을 읽기 시작했어요. 읽다 보니 인간이란 게 원래 그런 존재더군요. 변화를 싫어하고, 남이 뭔가를 하면 질투하고 시기하는 존재. 그게 인간의 본능이라는 걸 이해하니까 한결 위로가 됐어요. 저 사람이 이걸 반대하는 건 특별히 나를 싫어해서가 아니라 인간의 본능일 뿐이야, 라고 생각하니까 견디기 쉬워졌어요."

천재는 외롭다고들 합니다. 동의하나요?
"웬걸요. 저는 천재라는 생각을 해 본 적이 없어요. 사람들은 제가 얼마나 노력했는지 몰라요. 앞에서도 말했듯 끈기와 집요함은 강한 편이에요. 그 강점을 최대화하기 위해 노력하고 또 노력했습니다. 뇌 과학을 전공했기 때문에 새로운 시도를 하면 그쪽의 뇌 회로가 새롭게 만들어진다는 걸 압니다. 그래서 루틴을 가져갑니다. 운동도, 공부도."

서던캘리포니아대학 심리학과 교수 웬디 우드의 연구에 의하면, 우리 일상생활에서 각종 습관적 행동이 차지하는 비율은

40퍼센트나 된다. 일상의 습관이 모여서 그 사람의 정체성을 만드는 셈이다. 성인의 뇌 속에는 약 1,000억 개의 신경 세포가 있다. 뇌 세포들은 하루에 평균 몇 천 개에서 몇 만 개씩 죽어 나간다. 이 과정에서 뇌 회로는 수시로 바뀐다. 다시 말해 인간의 뇌는 평생에 걸쳐 변화하며, 서로 연결되는 방식도 가지각색이다. 우리의 뇌는 어떤 경험을 얼마만큼 지속하느냐에 따라 바뀌는 셈이다.

결국 한국 최고의 인재들이 모이는 대학의 총장이 되셨어요. 갖은 고난을 거쳐 해피 엔딩으로 끝나는 드라마 같다는 생각이 듭니다.

"허허. 그런가요? 묵묵히 각자의 길을 걷다 보면 누구나 자기만의 별로 빛나기 마련이에요. 밤하늘에 수많은 별을 보세요. 얼핏 비슷해 보여도 별 하나하나가 자신만의 고유한 역사를 지녔거든요."

괴짜가 세상을 이끈다며 괴짜다움을 지킬 것을 장려했지만, 현실에서 괴짜로 살아가는 건 여간 괴로운 일이 아니지요. 성장 과정에서 튀지 않는 사람으로 적당히 타협하기 쉽고요. 그런데 총장님은 긴 시간 괴짜다움을 잃지 않았어요.

"남들과 똑같이 하는 건 재미없었어요. 텔레비전을 거꾸로 놓고 본 것도 그래요. 뇌를 공부하다 보니 뇌가 점점 굳어지고 있다는 위기감에서 새로운 시도를 했죠. 재밌어 보이기도 했고. 다들

이상한 사람이라고 했습니다. 그나마 좋게 봐 준 표현이 괴짜 정도였고요. 그런데 사실 그때 텔레비전 사건은 저의 본색을 드러낸 것뿐이에요."

본색이라니요?

"늘 튀는 생각으로 왕따를 당하다 보니 이상한 발상이 떠올라도 겉으로 표현을 안 했거든요. 속으로는 괴짜스러움을 지키면서도 아닌 척 한 거죠. 이중인격이라고 해야 하나요(웃음)? 15년 전쯤엔 그래도 자신감이 붙기 시작하면서 머릿속 생각을 감추지 않고 꺼내 보이기 시작했어요."

아웃사이더로 오래 살아오면서 인사이더가 되고 싶진 않았어요?

"처음엔 되고 싶었죠. 많이 외롭고 힘들었으니까. 하지만 어느 순간 깨달았습니다. 되고 싶다고 될 수 있는 건 아니라고. 결국 내가 실력을 쌓아야 하는 것이고, 내가 하는 일이 잘돼서 결과로 증명해야 한다고."

아웃사이더와 인사이더의 속성은 어떻게 다른가요?

"인사이더는 어떤 면에서 엇비슷합니다. 주류의 삶의 모습은 큰 차이가 없잖아요. 그런데 아웃사이더는 각자 달라요. 틀 밖에서 자신만의 개성을 유지해요. 한번은 미국 출장 중에 일본과 비교해서 한국의 장점이 뭐냐는 질문을 받았어요. 일본은 천편일률적이고 틀이 강하지만, 한국은 융통성이 있다고 답했습니다. 가끔은 틀 밖으로 나가서 사고를 할 줄 아는 거죠. 창조성과 연관되는 개념이에요."

뉴욕과 실리콘 밸리의 카이스트 캠퍼스는 총장님이 오래 전부터 꿈꿔 온 사업으로 알아요.

"꾸준히 추진하면 되는구나 싶어요. 마음속에 꿈을 품고 있는 게 중요해요. 그래야 기회가 될 때 연결할 수 있거든요."

총장이 된 후 가장 많이 사용하는 단어는 무엇인지요? 학생과 교수들에게 두루두루.

"꿈. 꿈이요."

꿈이라.

"나의 존재의 이유를 꿈과 연결해 보면 좋겠어요. 카이스트 학생들을 보면 공부 잘하고 성적이 좋죠. 그런데 정작 자기가 왜 이 세상에 태어났고, 세상을 위해 무슨 일을 해야 하는지에 대해서는 생각해 볼 틈이 없었어요. 그러다 보니 꿈이 작아요. 엄마가 공부하라고 해서 했는데, 정작 대학에 와서는 무엇을 해야 할지 모르는 경우가 많아요. 그러니 친구와 비교하면서 쪼잔해지죠. 더 큰 세상을 바라보면 좋겠습니다. 내가 얼마나 큰 사람인지 들여다보고, 나의 잠재력을 믿고 인류와 국가를 위해 무엇을 할 수 있는지 같이 큰 꿈을 가지세요. 꿈을 가지면 이뤄질 가능성이 높거든요."

총장님도 20대에 '나는 왜 남보다 잘하는 게 하나도 없을까?'라는 고민을 했다는 말이 위로가 됐습니다. 한국 최고의 인재가 모이는 카이스트의 총장님도 스스로를 초라하게 느낀 시절이 있었구나, 라는 묘한 동질감.

"그때 스스로 느낀 불행감은 비교에서 연유했어요. 남과 비교할 경우 가장 잘된 모습은 뭘까요? 남과 비슷해지는 거죠. 내가 어떤 사람인지 알고, 나를 믿는 힘이 중요합니다. 내 마음속에 방향등을 비추고 '나는 이런 사람이야, 나에겐 이 길이 좋은 거야'라는 확신을 가지면 좋겠어요. 소외감이라는 것도 그래요. 남과 비슷하게 어울리려는 마음에서 비롯하는 거잖아요. 그 시절을 거치고 보니 결국은 내가 색깔을 분명히 하고, 잘할 수 있는 길을 선택해서 실력을 쌓는 게 최후의 승자더군요. 남과 비슷하게 가려는 사람들은 존재감이 없어요. 남과 비슷해지려는 인싸(인사이더)들은 크게 빛나기 힘들어요. 엇비슷한데 빛나 봐야 얼마나 빛나겠어요. 흐릿흐릿하죠. 아싸(아웃사이더)들은 환하게 빛날 수 있어요. 아무도 가지 않은 자신만의 길 위에서 나만의 별로 그렇게 독보적으로 빛날 수 있어요."

총장님이 주도해서 만든 카이스트 실패 연구소는 어떤 곳입니까?

"실패 연구를 통해 실패의 가치를 깨치면 좋겠다는 생각으로 만들었습니다. '아, 실패가 부끄러운 게 아니구나' 하는 깨달음도 얻어 가고요. 실패는 배움의 다른 이름이라고 생각해요. 성공을 위한 다음 스텝이기도 하고요. 제가 추진해 온 카이스트 뉴욕캠퍼스나 의전원 등도 실패할 수 있어요. 실패하면 무슨 망신인가 싶기도 합니다. 하지만 실패 연구소에 가서 '지금은 실패했지만 이런 배움을 얻었다, 그러니까 다음 총장은 이런 걸 보완해서 성공시켜라'고 말하면 된다고 생각하니 마음이 확 풀렸습니다."

실패는 성공의 반대말이 아니군요.

"맞아요. 성공의 반대말은 실패가 아니라, 포기입니다. 포기하니까 이룰 수 없는 거예요. 포기하지 않는다면 이룰 가능성이 최소한 0퍼센트보다 높아요. 가능성 있는 꿈이라면 끝까지 놓지 않고 이뤄질 수 있다고 믿으면 언젠가 되리라 봅니다. 10년이든 20년이든 30년이든, 또는 사후라도요. 포기하지만 않으면 그 꿈에 조금씩 다가가고 있는 거예요."

제가 궁금한 건 그 이후입니다. 포기하지 않고 계속 시도해도 끝끝내 못 이루는 사람들이 현실엔 수두룩하죠. 승률을 높이기 위한 총장님만의 비책 같은 게 있나요?

"저는 일단 제가 추진해 나가는 모든 일이 재밌습니다. 또 시도하면서 '이건 된다'고 믿어요. 중요한 건 사심이 없어야 한다는 겁니다. 공적인 것이어야 해요. 큰 꿈일수록 사심이 개입되면 어그러지는 것 같아요. 꼼수 부려서 이익을 취하려 하면 결국 다 들통나게 돼 있거든요."

고 정문술 미래산업 회장이 카이스트에 515억 원을 쾌척하면서 이광형 교수가 집행하게 하라는 조건을 내건 것도 이런 이유인가 보군요.

"저는 사적인 이익을 취한다거나 하는 마음이 적어요. 아예 없다고는 할 수 없고. 우리 사회는 폐쇄적인 공동체라 결국 다시 만납니다. 여행지에서 한 번 만나고 헤어지는 사람들이 아니에요. 지금 내가 이 사람 앞에서 어떻게 하느냐에 따라 나중에 도움을 줄 수도 있고, 안 줄 수도 있어요. 내 행동에 대한 보상과 판정은 당장 나지 않아요. 진심으로 대하면 먼 훗날 반드시 돌아온다고 믿어요. 어떤 식으로든. 그래서 저는 늘 진실되게 행동하려 합니다. 진실되게."

부모상을 당했을 때도, 자녀가 결혼할 때도 주변에 알리지 않고 가족끼리 조촐하게 치뤘지요.

"저는 우리나라 관습에 과한 면이 있다고 봅니다. 문상을 가서 수십 미터씩 화환이 늘어져 있는 걸 보면 그런 생각이 강하게 들어요. 이메일이나 문자로 부고를 알려 오면 물론 꼭 가서 조문을 하고 싶은 경우도 있지만 '내가 여기에 가야 돼?' 하는 마음이 있을 수도 있잖아요. 입장을 바꿔서 내가 부고 문자를 보내면 누군가가 그런 마음이 들 수 있겠죠. 그런 부담을 주기 싫더군요. 제가 9남매 중 다섯째인데, 큰형님부터 모두가 동의했습니다. 덕분에 가족끼리 의미 있는 시간을 보낼 수 있었어요."

어린 시절도 궁금합니다. 산업공학, 전산학, 바이오및뇌공학, 미래학 등 다양한 분야의 학문을 연구했는데, 쉼 없는 탐구욕의 뿌리는 어디에서 온 건가요?

"초등학교 때부터 뭔가를 만드는 걸 좋아했어요. 집에 있는 재봉틀을 분해했다가 어머니가 밭에서 돌아오시기 전에 조립을 해 놓곤 했죠. 한번은 고장을 내서 들킨 적도 있어요. 아, 까맣게 잊고 있었던 기억이 몇 장면 떠오릅니다. 축음기도 있었는데 소리가 도대체 어디에서 나는지 궁금해서 통을 열어 봤어요. 축음기 테이프가 풀어지면서 판이 돌아가는 원리를 이용해 자동차를 만들기도 했고요. 라디오도 분해해 봤습니다. 그러고 보니 그때부터 뭔가 만드는 걸 좋아했군요. 농촌이라 가능했어요. 공부라는 걸 별로 안 하고 자유분방하게 자랐으니까."

1954년생입니다. 생을 돌아보면서 후배 세대에게 꼭 전하고 싶은 메시지가 있다면요.

"누구나 각자의 별로 빛난다는 말을 하고 싶어요. 남과 비교하지 말라는 겁니다. 학자 입장에서 보면 이 메시지에는 세 가지 사상이 혼재돼 있습니다. 첫째, 꿈을 버리지 않고 밀고 나가면 언젠가 이뤄진다는 관념론적 사고, 둘째, 그 과정에서는 사물과 상황의 영향을 받는다는 유물론적 사고, 셋째, 우리 각자는 존재만으로 소중하다는 존재론적 사고. 80억 인구 중에서 나와 같은 사람은 이 우주에 나밖에 없는 거예요. 얼마나 소중한 존재인가요. 그러니까 남과 비교하지 말고 내 색깔 그대로 빛을 내면 고유한 존재로 살아갈 수 있는 것이지요. 사과와 바나나는 서로 경쟁할 필요가 없어요. 각자 다른 존재이니까요."

―――•◦•―――

아웃사이더란 경계 짓기 좋아하는 근대 문명의 산물이다. 원래 지구라는 세상은 하나의 공동체였다. 그 안에서는 나와 네가, 이 무리와 저 무리가, 이 학문과 저 학문의 경계가 희미했다. 사회가 고도화되면서 숱한 경계가 탄생했고, 자연스레 그 과정에서 서열화가 생기기 시작했다.

다름보다 나음의 삶을 강요하는 서열화 사회는 우리 삶을 경쟁의 틈바구니로 밀어 넣고 있다. 저 사람처럼, 혹은 저 사람보다

"
사과와 바나나는
서로 경쟁할 필요가 없어요.
각자 다른 존재이니까요.
"

나은 사람이 되라고 채찍질하는 시스템은 나다움을 망각하게 한다. 시선을 내가 아닌 타인을 향하게 하고, 타인의 욕망을 욕망하게 한다. 현대 문명의 크나큰 불행의 씨앗이 배태된 셈이다.

다행히도 '아웃사이더'의 의미가 언어 사용자들에 의해 달라지고 있다. 아웃사이더는 무리에 어울리지 못하고 혼자 지내는 사람으로 인사이더 반대말로 통용됐다. 하지만 대중 다수와 다른 가치관과 라이프 스타일을 지켜 내기 위해 자발적으로 무리에서 떨어져서 지내는 사람들을 뜻하는 개념으로 확장되고 있다. '불쌍한 외톨이'가 아닌 '간지 나는 단독자'인 셈이다.

나는 아웃사이더를 이렇게 정의한다. 사회의 편견과 통념에 맞서 용기 있게 자기다움을 지켜 낸 사람들, 다수가 낸 평탄하고 넓은 길 대신 힘겹지만 좁은 문으로 향하는 자들, 의도하든 안 하든 그 결과로 선한 영향력을 끼치는 사람들.

괴짜다움을 지켜 내려면 에너지가 많이 든다. 내가 가진 본연의 색깔과 형태를 지켜 내려면 정신을 바짝 차리고 늘 깨어 있어야 하기 때문이다. 정신줄을 놓는 순간 대중의 물결에 휩쓸려 떠내려가고 만다. 나의 나다움, 그의 그다움을 지키려면 개인의 노력만으로는 부족하다. 사회 공동체가 다름을 끌어안고 다양성을 포용하려는 공감대를 넓혀야 한다. 우리 사회 모두를 이롭게 하는 다이버시티diversity 파워는 그래야만 탄생할 수 있다.

이광형 총장이 그래서 더 고맙다. 그가 사회에 막 발을 디디고 조직의 일인으로 정착할 당시에는 지금보다 집단주의 사고가 훨씬 강했다. 왜 당신은 남들과 다르냐고, 왜 그렇게 이상한 생각과 행동을 하느냐는 비난을 수천, 수만 번 들었을 것이다. 그 폭력적인 시선을 견뎌 내고 지금 이 자리에 무사히 당도한 그야말로 자기 인생의 진정한 승자다.

이광형 총장을 인터뷰한 이후로 나는 괴짜들을 만나면 눈이 커지면서 "심봤다!"를 외친다. 모두가 들을 수 있도록 아주 큰 소리로 말이다. "당신은 폭발적인 잠재력을 지닌 사람이에요. 그 귀한 재능을 잘 살리면 좋겠습니다"라고 그에게, 주변 사람에게, 또 그를 먼발치에서 보는 사람에게 신신당부한다. 그런 응원이 다름에서 오는 불편함을 감수하고 '용감한 외톨이'로 살아갈 힘을 준다고 믿는다.

괴짜들은 고기능의 악기와 같다. 그 가치를 알아봐 주고, 장점을 갈고닦게 해 주고, 박수를 쳐 주면 세상에 없던 아름다운 소리를 내지만, 왜 그렇게 이상한 소리를 내느냐며 타박하면 폐물처럼 묻혀 버리고 만다. 사회 부적응자로 남을 것인가, 세상에 없던 길을 낼 것인가. 아웃사이더가 자기만의 별로 반짝반짝 빛나려면 당신과 나의 관심과 응원이 필요하다.

"
성공의 반대말은
실패가 아니라,
포기입니다.
포기하지 않는다면
이룰 가능성이
최소한 0퍼센트보다 높아요.
"

삶을 뒤흔든 열두 번의 만남

06

interviewee
박연준

keyword
걷기

sentence

"혼자 걸으면 나를 만나게 된다"

박연준

시인, 소설가, 에세이스트. 이 시대 독자들의 사랑을 듬뿍 받는 작가 중 한 명으로 꼽힌다. 2004년 중앙신인문학상을 통해 작품 활동을 시작했다. 시집 『속눈썹이 지르는 비명』, 『베누스 푸디카』, 『밤, 비, 뱀』, 『사랑이 죽었는지 가서 보고 오렴』, 장편 소설 『여름과 루비』, 산문집 『소란』, 『쓰는 기분』, 『고요한 포옹』, 『마음을 보내려는 마음』 등이 있다.

걷는 시간은 나를 만나는 시간인 동시에 나에게서 자유로워지는 시간이다. 한 발 한 발 내딛는 걸음을 통해 내 몸은 나를 느끼지만, 내 마음은 흐르는 풍경을 따라가면서 한결 홀가분해진다. 지극히 나이지만, 나에게서 벗어나는 시간. 그래서 걷기는 자아 탐색과 맞닿아 있다.

걷기의 속성을 들여다볼수록 박연준 시인이 겹쳐 떠올랐다. 걷기가 자신에게로 향하는 길이라고 한다면, 박연준 시인만큼 충만하게 자기 자신으로 사는 사람을 나는 본 적이 없다. 우리는 대체로 자기 자신으로 살기 위해 애쓰고 또 애쓰는데, 그는 언제부터인가 매 순간이 곧 자신인 삶을 향유하고 있다. 언젠가 그는 나다움에 대해 "하고 싶지 않은 것을 하지 않기 위해 애쓰는 삶"이라고 했던가.

박연준 시인의 글은 한눈에 티가 난다. 그의 글은 순전한 취향을 감추지 않는다. 무언가를 그저 좋아하는 마음이 넘치고 넘쳐, 흘러넘친 마음을 주워 담으면 저런 언어가 되는 걸까. 보편적 인간보다 스무 배쯤 촘촘한 촉수를 세상을 향해 이리저리 곤두세우고, 그렇게 해서 감지한 감각의 파편을 자신만의 언어로 녹여 낸 그의 글은 갓 태어난 신생아처럼 경이롭고 낯설다. 그 생경한 글의 에너지는 잠자던 감성을 쿡 찌르는 마력을 지녔다. 그래서 그의 글을 읽다 보면 단단하던 마음이 몰랑해지면서 잊었던, 아니 잊은 줄 알았던 내 안의 우물에 잔잔한 파문이 일어나곤 한다.

궁금했다. 미세한 시인의 촉수는 언제 어떻게 파르르 떨리는지. 그 촉수가 까딱이는 순간을 목격하고 싶었다. 그와 함께 숲길을 걸었다. 시인은 나를 경기도 파주의 송골공원으로 초대했다. 교하도서관으로 이어진 작은 숲길에서는 언젠가 그가 "날 수 없는 작은 새들"이라고 표현한 작은 잎들의 합주로 '쏴~' 파도 소리가 났다. 초여름이었다.

———•◦•———

도시 한가운데에 이런 깊은 숲길이 있다니, 놀라워요. 수령을 보니 꽤 오래된 공원 같은데요.

"좋죠? 거의 매일 이 길을 걸어요. 인터뷰가 있으면 제가 주로 서울로 가는데요, 오늘은 이 오솔길을 꼭 보여 드리고 싶었어요."

감수성이 남달라서 자연과 교감하며 시골서 자랐을 거라는 편견이 있었어요. 의외로 서울 출신이더군요.

"맞아요. 중랑구 면목동에서 나고 자랐어요. 연탄 쌓인 좁은 골목길. 다닥다닥 가게들이 붙어 있는 곳이죠. 그래서 시골보다 서울에 가면 오히려 마음이 편해요. 집에 온 느낌이랄까요? 가게가 없는 시골의 전원생활을 견딜 수 없어 해요. 집에서 별명이 다람쥐였는데, 전파상, 쌀집, 작은 가겟집이 다닥다닥 붙어 있는 곳을 다람쥐처럼 다녔어요. 50원, 100원을 쥐고 쭈쭈바 사 먹던 기억이 깊어요."

이곳 파주에서는 오히려 이방인이군요.

"그래서 여기에 오면 오히려 영감을 얻어요. 새로운 공간이 주는 영감. 호주 시드니 외곽에서 한 달 정도 살았는데 그때도 그랬어요. 너무나 신기해서 글이 막 써졌어요. 2014년 원주 토지문학관에서 세 달 동안 살 때도 그랬고요. 개안開眼한 사람처럼 모든 게 신기했어요. 모란이 피는 걸 하나하나 기록하게 되고요. 소음이 없어서 감각이 막 깨어나는 느낌이랄까요."

감각이 깨어나는 느낌이라.

"밤이 지극하다는 걸 느꼈어요. 사람도, 가게도, 소리도 없는 곳에서는 고요하게 밤이 밀려오더라고요. 놀라운 경험이었어요. 지극한 밤에 대한 기억."

여행지 중에서 머물고 싶었던 곳을 꼽자면요?

"핀란드 헬싱키요. 자연을 좋아하는데, 도시화된 자연을 좋아하거든요. 바닷가라면 도시와 인접한 바닷가를 좋아하고요. 헬싱키가 딱 그런 곳이었죠. 그때 깨달았어요. '나는 자연에서만 살 수는 없는 사람이구나' 하고요."

자연이 감수성의 원천이 아니라면, 어디에서 뿌리를 찾을 수 있을까요?

"가지고 태어난 성정이 큰 것 같아요. 저는 뭔가를 감지하는 능력이 있는 편이에요. 더듬이가 발달돼 있다는 생각이 들어요. 특히 슬픔을 감지하는 능력은 남다르게 있었던 것 같아요."

남편 장석주 시인도 걷기에 대한 철학이 깊은 걸로 압니다. 부부가 이 길을 함께 걸을 때와 혼자 걸을 때는 어떻게 다른가요?

"혼자일 때가 훨씬 창의적이 돼요. 같이 얘기하면서 걸으면 하나나 두 개를 얻을 수 있다면, 혼자서는 훨씬 더 멀리 뻗어 나갈 수 있어요. 둘이 있으면 답을 들을 수 있지만, 혼자 있으면 답을 들을 수 없잖아요. 그래서 오히려 생각이 확장되는 걸 느껴요. 예전에 스마트폰을 1년 6개월간 끊은 적이 있어요. 궁금하면 바로 뭔가를 검색하게 되다 보니 스스로 인생에 답이 있다고 생각하게 되더라고요. 시인으로서 위기감을 느꼈어요."

와! 대단합니다. 1년 6개월 동안이나 디지털 디톡스를 실천하다니요.

"언제부터인가 긴 독서가 안 되는 거예요. 스마트폰이 없을 때는 책을 적어도 한 시간 이상 읽고, 재밌으면 3~4시간 동안 주욱 이어서 읽는 게 어렵지 않았어요. 지금은 스마트폰에 재미있는 게 다 들어있잖아요. 재밌지만 지겹고, 이걸 보고 있는 내가 싫어졌어요. 스마트폰을 끊었더니 금단 현상이 와요. 처음 한두 달간은 계속 남의 휴대폰을 만지작거렸어요. 그래서 '내 손목을 잘라라'는 농담도 했죠. 인생에서 스마트폰 사용 시간과 몰입 시간은 반비례하는 것 같아요."

스마트폰 없던 시절이 그리운가요?

"어떤 면에서는요. 검색할 수 없었을 때는 사람들과 우선 더 많은 걸 얘기해 보고, 궁금증을 크게 끌어안고 집에 와서 다른 방식으로 찾아봤잖아요. 그땐 더 많이 간직하고, 더 풍요로웠어요. 지금은 스마트폰으로 쉽게 정보를 얻는 대신 가난해졌어요."

가난이라. 작가님이 생각하는 가난은 뭐죠?

"돈이 없는 게 가난이 아니에요. 여러 방면에서 작아지는 것. 생각도, 사람을 대하는 태도도, 가치관도 작아져서 획일화되고 갇히는 것이 가난이라고 생각해요."

"
돈이 없는 게 가난이 아니에요.
여러 방면에서 작아지는 것.
생각도, 사람을 대하는 태도도,
가치관도 작아져서
획일화되고 갇히는 것이
가난이라고 생각해요.
"

지금 이렇게 작가님과 걷다 보니 부자가 되는 것 같은데요(웃음)? 감수성의 지경이 넓어지는 느낌을 받아요. 걷기의 속성을 알수록 박연준 시인의 정체성과 닮았다고 느꼈어요. 걷는다는 건 결국, 나에게로 향하는 길이라는 점에서 말이에요.

"그런가요? 저는 언제나 제가 좋아하는 걸 중심으로 살아온 사람 같아요. 스무 살 이후부터. 한국 사회는 독자적인 생각을 꾸리지 못하게 시스템화되어 있잖아요. 공식적으로 그래도 된다(독자적 생각을 해도 된다)고 상정하는 나이가 스무 살 같아요. 그 이후 저에게 가장 중요한 건 '내 시간'이었어요. 안정된 직장도, 안정된 수익도 없이 미래가 불안정해서 가끔 후회는 했지만요. 무언가를 결정할 때의 기준은 '내 시간이 확보될 수 있는가'였어요. 이게 돈보다 중요했어요. 아까 가난이 뭔지 물어보셨잖아요. 그런 질문을 처음 받아 봤는데, 시간을 빼앗기면 가난하다고 느낀 것 같아요. 사람들은 대개 가난을 벗어나기 위해 경제 활동을 한다지만, 저는 달랐어요. 돈을 많이 준다고 해도 저의 자유로운 시간이 확보되지 않으면 그런 길을 가지 않았어요. 침범받지 않는 시간을 중요하게 생각한 것 같아요."

시간을 물리적 차원이 아닌, 정신적 풍요로 접근하는군요. 그렇게 주체적으로 확보한 '내 시간'을 어떻게 사용하나요?

"밖에서 누군가가 보면 한심하다고 느낄지 몰라요. 뭔가를 부지런히 하지는 않아요. 많이 멍 때리고 끄적거려요. 딴생각을 하고요. 비생산적으로 보이지만, 제게는 쓰기 위한 시간이에요. 요만한 걸 쓰기 위해서는 관련 없어 보이는 둘레길을 두세 배 멀리 돌아가요. 다른 사람들이 보기엔 불필요해 보이는 시간일지 모르겠는데 제겐 꼭 필요한 시간이지요. 뭉그적거리는 시간이 많고, 뭔가가 탁 찾아오면 몰아치듯 써요."

무엇을 기다리는 거죠?
"쓰고 싶은 마음이요. 써야 하는 걸 아는데, 차올라야 쓰는 거잖아요. 쓰기 싫은데 억지로 쓰는 것만큼 힘든 게 없어요. 하고 싶은 말이 많으면 말이 빨라지는 것처럼, 쓰고 싶을 때가 있어요. 그 에너지를 결정하는 건 하고자 하는 마음이에요. 능동성이죠. 그것만 찾아온다면 아무 걱정 없어요."

내 안으로 시선이 향하는 시간이 하루 중 얼마나 되는지 궁금합니다.
"거의 대부분일 것 같은데요? 왜냐하면 저는 아이도 없고, 집안일이 많은 것도 아니잖아요. 요즘엔 고양이를 키우긴 하지만, 고양이를 돌보는 것도 제 시간이거든요."

늘 나로 사는군요. 직장인 입장에서 보면 부럽다는 생각이 들면서도 경외감이 일어요. 막상 사회가 부여한 상징 자본이나 경제적 안정을 보장해 주는 월급을 포기하는 건 쉬운 일이 아니니까.

"만약 나로 살지 못하면 막 화가 나요. 그럴 때마다 직장을 그만뒀어요. 하기 싫을 때 뭔가를 억지로 해야 하는 상황에서는 늘 항의를 해 왔어요. 연재도 그래요. 내가 막 미치도록 하고 싶은 말이 있다가 조금씩 없어져서 그만 말하고 싶다는 생각이 들면 멈춰요. 어떤 분들은 하고 싶은 걸 하는 게 인생에서 중요하다고 하는데, 저는 하기 싫은 걸 안 하는 게 더 중요한 사람 같아요. 하고 싶은 건 유예하면서 가면 되는데, 하기 싫은 걸 하면서 사는 인생은 버틸 수 없어요."

여기 갈림길이 있네요? 어느 길로 갈까요?

"이쪽 길로 가면 교하도서관이에요. 책 반납을 하러 갈 때 대로 쪽으로도 갈 수 있지만, 일부러 숲속 길로 들어와요."

갈림길에서 판단 기준이 있다면요.
"주로 직관을 따라요. 가고 싶은 길."

걷기는 앞으로 나아가는 직진성을 전제로 하잖아요. 하지만 목적 없이 그저 훠이훠이 걷는 일도 그 자체로 의미를 가지는 것 같아요. 모든 걷기는 조금 전까지 내가 있던 곳에서 떠나는 일이라는 점에서요.
"걷기 위해서 걷는다기보다 다른 생각을 하기 위해 걸어요.

저에게 걷는 일은 손가락을 움직이는 행위 같은 것이에요. 움직임이 주는 힘이죠. 누워 있다가 잠깐 몸을 일으키는 행위도 다른 생각을 불러일으킬 수 있어요. 저는 강연할 때도 펜을 하나 쥐거든요. 이 행위 자체가 중요한 거예요. 로맹 가리 소설의 한 부분이 생각나요. 담배를 피우는 사람은 담배 자체가 중요한 게 아니라, 담배를 피우는 행위가 중요한 거래요. 담배 피우는 사람에게 손 묶고 눈 가리고 불 붙여 주고 입만 벌려서 피우게 하면 아마 끊고 싶을 거예요. 담배를 쥐고, 재를 떨고, 연기를 내뿜는 일련의 행위가 필요한 거예요. 제게 걷는 건 그런 차원이에요. 행위를 통해 다른 기쁨을 얻고, 다른 생각을 할 수 있는 일종의 매개."

걷기의 마법이군요!

"걸으면 확실히 생각의 전환이 돼요. 멈춰 있던 나를 움직이게 해서 몸을 쓰면 안 좋았던 것들이 씻겨 나가기도 하고, 가라앉은 마음이 펴지고, 부정적인 에너지가 희석되기도 해요. 걸으면서 나를 잊게 되는 것 같아요. 다른 세계를 만나는 거죠. 발레도 그래요. 오롯이 저인데, 저를 잊을 수 있어요. 그게 너무 신기해요. 발레하는 동안의 저는 속세를 벗어난 느낌이에요."

몸을 통해 나를 만나는 '바디풀니스 bodyfulness' 개념과 같은 듯 다르다는 생각이 들어요.

"오롯이 나인데 나를 잊는다는 건, 어떻게 보면 명상의 궁극적인 지점일 수 있어요. 첼리스트나 체조 선수는 자신을 의식하면 궁극의 나를 만날 수 없어요. 깊은 몰입에 빠진 몰아沒我가 되어야 하죠. 글을 쓸 때도 그래요. 쓰는 나를 의식하면 잘 안 써지고, 쓰기 싫어져요. '독자들이 이걸 보면 싫어할까' 이런 생각을 하면 쓰기 싫어지고 부담이 생겨요. 아무도 안 본다고 생각해야 재밌어요. 발레에서는 규율이 굉장히 많아요. 답이 정해져 있고요. 이 규율 속에서 규율을 지키는 가운데 스스로를 자유롭게 풀어 줄 줄 아는 사람이 고수 같아요. 발레할 때 저는 규율을 지키려 끙끙대면서 스스로를 잊는 거예요. 그게 몰입이지요."

발레를 한 지 꽤 됐지요? 2015년쯤부터 시작한 걸로 알아요. 왜 하필 발레를 택했어요? 요가나 필라테스처럼 몸의 근육을 단련시키는 다른 운동도 많은데요.

"발레와 시는 닮아 있어요. 제가 이 둘을 좋아하게 생겨 먹은 사람이라는 걸 얼마 전에 깨달았고요. 시는 일상생활에서 쓸모를 찾기 어렵지요. 의사소통을 위한 언어가 아니라 소통을 넘어서 월담하는 언어거든요. 제가 지금 시처럼 말하면 얼마나 어색하고 사람들이 싫어하겠어요(웃음). 발레도 평소에는 사용할 수 없는 동작들로 이뤄져 있어요. 그런데 아름답잖아요. 시는 무대 위에 올라서려는 언어예요. 소리가 되고 싶어 하는 언어지요. 이해받고

"
발레와 시는 닮아 있어요.
시는 일상생활에서 쓸모를 찾기 어렵지요.
의사소통을 위한 언어가 아니라
소통을 넘어서 월담하는 언어거든요.
발레도 평소에는 사용할 수 없는 동작들로 이뤄져 있어요.
그런데 아름답잖아요.
시와 발레는 쓸모없지만 아름다운 것들이에요.
"

싶어 하거나 소통에 머무르려 하지 않죠. 발레는 중력에 반하는 행동을 하는 거잖아요. 사람은 땅에 있어야 하는데, 자꾸 위로 뜨려고 하니까. 시의 언어도 그렇거든요. 머무르지 않고 공중에 멈춰서 곤두서려는 언어, 어떤 찰나를 포획하려 해요. 불가능에 가깝죠. 시와 발레는 쓸모없지만 아름다운 것들이고요. 둘 다 굉장한 수련이 필요하고, 누구나 할 수 있지만 잘하긴 어렵다는 점에서도 닮아 있어요."

누구나 시를 쓸 수 있다니요!
"그럼요. 누구나 시의 감수성을 가지고 있는데, 그걸 접어서 넣어 뒀으니 없는 것처럼 느껴지는 거예요. 어느 순간 펼쳐지면 어떻게 발화될지 아무도 몰라요. 자기가 접은 거지, 사라진 게 아니거든요. 저는 뭔가를 좋아하면 순진하게 좋아하는 사람이어서 시를 계속 쓸 수 있었던 것 같아요. 시를 만나고 긍정적으로 사고하려고 노력하는 사람으로 바뀌었어요. 과거엔 많이 어두웠거든요. 그래서 저는 사람 안 변한다는 말을 안 믿어요."

부정적인 사고방식을 긍정적으로 바꾸는 건 인간 개조에 가까운 일이라고 생각해 왔어요. 그런데 이게 가능하군요.
"저는 진짜 노력을 많이 했어요. 책도 찾아 읽고, 명상도 해 보고. 결국 반성과 성찰이 변화를 가져오는 것 같아요. 내가 잘못했다는 걸 알아야 바뀔 수 있잖아요. 저는 반성을 많이 하는 사람이에요. '내가 맞다'는 식의 생각은 위험해요. 그렇게 되면 금방 늙어요."

걸으면서 인터뷰를 하니 참 좋습니다. 대화가 한결 풍성해지는 걸 느껴요.

"걸으면 내가 풍부해져요. 정체되어 있던 게 흐르니까. 나를 흘러가게 하는 건 오직 나뿐이에요. 또 누군가와 함께 걸으면 이야기도 더 풍부해지는 것 같아요. 좋아하는 친구에게 '맛있는 거 먹고 걷자'고 제안하는 건 그만큼 깊은 이야기를 하고 싶다는 고백 같아요."

다비드 르 브르통이 쓴 『걷기예찬』의 한 구절이 생각납니다. '한 사람과 열흘간 함께 걷는다는 건 10년간 함께 사는 것과 같다'는.

"아! 멋진 말이에요. 저도 그 말에 동의해요. 누군가와 함께 걷는다는 건 그 사람을 풍경에 두는 거잖아요. 집이나 카페 같은 정체된 곳에서는 그 사람만 보이는데, 함께 걸으면 그 사람을 포함한 세계를 보게 되는 것 같아요. 한 사람이 나무 아래에 있는 것과 레스토랑의 식탁 앞에 앉아 있는 건 다르잖아요. 나무 아래에 있는 사람은 그 사람의 현재뿐 아니라 미래와 과거가 함께 담기면서 어떤 맥락이 생기는 것 같아요. 그에 대해 끝끝내 다 알기는 어려운 존재로 보이거든요."

연인과도 카페에서보다 나무 아래에서 헤어지기가 더 힘들겠다는 생각이 들어요.

"우리가 실수를 하는 이유 중 하나는 뭔가를 다 안다고 생각하기 때문이잖아요. '너는 이렇잖아' 식의 닫힌 사고. 카페처럼 닫힌 공간에서는 숲길에서보다 더 닫힌 사고를 하게 되는 것 같아요."

이 도로명도 자연을 따왔군요! 책향기로, 노을길로……. 저 아파트는 '숲솔길마을'이에요. 도시 전체가 자연의 옷을 입고 있네요. 자연 속에 문명이 들어찬 게 아니라.

"그렇죠. 저희 동네 도로명도 '책향기로'예요. 이상하게 자연을 걸으면 좀 순해져요. 제가 가장 경계하는 자세는 독해지는 거예요. 힘든 일을 겪고 나면 사람이 좀 딱딱해지고 강퍅해지잖아요. 저는 그게 싫어요. 늘 말랑했으면 좋겠어요."

숲길을 걷는 마음과 도시의 아스팔트 길을 걷는 마음은 어떻게 다를까요?

"도시를 걸으면 고독이 더 고독해지는 걸 느껴요. 외로움은 더 외로워지고, 슬픔은 더 슬퍼지고. 감정들이 씻기지 않고 특화되는 것 같아요. 그래서 소로(헨리 데이비드 소로, 『월든』 저자)가 숲으로 들어가지 않았을까요? 숲에서는 뭉친 것들이 풀리고, 닫힌 것들이 열려요. 자연 속을 걸으면 좀 순해져요. 환경이 광활하니까 내가 작아지면서 웬만한 일들은 별것 아닌 일로 느껴지는 것 같아요."

도시를 걸으면 왜 더 고독해지죠?

"도시는 사람이 만든 공간이잖아요. 사람이 속속들이 깃들어 있는 공간. 숲은 사람이 깃들지 않은 자연의 공간이에요. 이 나무들의 일, 숲의 일에 비하면 사람이 하는 고민은 하찮게 여겨져요. 파주에서 지내다 도시에 나가 지하철을 타니까 이상하게 금방 화가 나더라고요. 이건 도시인 개개인의 문제가 아니라 환경이 사람을 그렇게 만드는 것 같아요."

모든 게 연결되어 있다고 생각하나 봐요.

"당연한 건 없다고 생각해요. 제가 뭔가를 하나 가졌다면, 그건 제가 잘해서라기보다 그것이 제 손에 오기까지 수많은 사람들의 노고가 있을 거예요. 우리는 개인적인 존재이면서 동시에 사회적인 존재이니까요."

───●───

흙으로 된 숲길이 끝나는 곳에 보도블록이 시작되었다. 숲길의 끝자락이 보이자 우리의 걸음이 느려졌다. 흙길에 더 머물고 싶어서, 남은 이야기가 더 있을 것 같아서 천천히, 더 천천히 걸었다. 드디어 숲길 끝에 당도했고, 어쩔 수 없이 우리는 작별 인사를 나눴다. 인사가 끝났는데도 또 인사를 거듭했고 뒤돌아보면서 계속 손을 흔들었다.

박연준 시인과 헤어지고 서울로 돌아오는 길, 먼 여행을 다녀온 듯했다. 그와 나란히 걸었던 작은 숲속 오솔길은 『사자와 마녀와 옷장』의 그것처럼 비현실감마저 안겼다. 마법의 옷장을 통하면 세상에 존재하지 않는 환상의 세계가 펼쳐지는 것처럼, 오솔길에서 나눈 이야기들은 제3의 자아를 만나게 했다. 분명 내 안에 있지만, 도시의 효율성에 짓눌려 감각하지 못하고 있던 내 안의 깊디깊은 정념의 우물을.

나는 꽤 오랫동안 그와 편지를 주고받았다. 원고 담당 편집자와 필자의 관계에서 시작한 편지였다. 『톱클래스』 잡지에 연재하는 글의 주제를 매달 알려 준다는 이유였지만, 편지가 쌓일수록 꽤 내밀한 이야기들이 오갔다. 주제를 알려 줄 때마다 나는 그의 속이 궁금했다. 아직 발견되지 않은, 달이 열 개쯤 뜨는 신비한 미지의 섬들이 발견되길 기다리는 것 같다고 할까. 당신에게 돈이란, 공부란, 나무란, 어른이란 어떤 의미이고, 그와 연관된 기억은 어떤 모양인지 여러 질문을 던지곤 했다. 지구에 불시착한 외계인의 시선이 궁금한 아이마냥, 나는 그만의 순전한 감각으로 읽어 내려간 세상이 궁금해서 조바심이 일 정도였다. 막상 그의 글이 도착하면 나는 성급히 열지 않았다. 꾹 참고 기다렸다가 조용한 밤에 읽어 내려갔다. 아무런 방해 요소가 없는 곳에서 충분히 음미할 수 있도록. 그렇게 첫 독자로서 만나게 된 글은 나의 내면 풍경을 변화시키곤 했다.

아쉽게도 그는 2년간 이어 가던 연재를 스스로 닫았다. 장편소설을 쓰고 있어서 에세이에 집중할 수 없다는 이유였다. '박연준의 응시' 연재가 끝난 것도 못내 아쉬웠지만, 편지를 계속 주고받을 수 없게 된 것이 사실은 더 속상했다. 연재가 끝난 기념으로 그는 밥을 사 주었는데, 합정역의 조그마한 가게에서 먹은 파스타와 피자는 깜짝 놀랄 만큼 맛있었다. 재료 본연의 맛을 존중하면서 정성을 담뿍 담은 요리. 그의 성정과 꼭 닮은 맛이었다. 헤어지면서 우리는 미리 약속이나 한 듯 작은 선물을 주고받았고, 그 선물 안에는 또 약속처럼 손 편지가 들어 있었다. 서성거리는 자음과 단호한 모음으로 된 그의 서체를 보면 이상하게 마음이 아려 온다. 나 역시 분홍색 편지지와 편지 봉투 세트를 사서 세 장짜리 손 편지를 써 주었는데, 그는 집으로 돌아가는 버스에서 꺼내 읽다가 눈물을 뚝뚝 흘렸다고 했다. 한동안 매일 가지고 다닐 거라고도 했다.

내 편지의 어떤 구절이 그의 눈물샘을 건드린 걸까. 궁금했지만 묻지는 않았다. 눈물의 팔 할은 그의 힘이다. 저널리스트의 딱딱한 문체가 굳어지는 것 같으면, 그래서 감수성의 지경이 좁아지는 것 같으면 나는 종종 이런 상상을 한다. '박연준 시인에게 보내는 편지라고 생각해 보자.' 이상하게 그에게 말을 건넬 때 다른 사람이 되곤 한다. 딱딱한 마음이 몰랑해지고, 접혔던 감성이 펴지면서 한결 순해진다. 더 친절하고 더 다정하며 더 나와 친한 사람이 되겠다고 다짐하게 된다.

셈 없이 무언가를 무구하게 좋아할 줄 아는 마음은, 그 마음을 잃지 않은 사람은 놀라운 힘을 지녔다. 그는 그 누구보다 자기 자신을 좋아하고, 자신의 삶을 사랑한다. 박연준 시인의 마음에 들어가 보지 않았으니 확신할 수 없지만, 적어도 그렇게 하려고 매 순간 애쓰는 것만은 안다. 언젠가 그는 에세이에 이렇게 썼다.

"우리는 자신에게, 멈추지 않고 굴러가는 우리 삶에 관대해야 한다. 싫은 사람은 안 보고 살면 그만이지만 스스로를 못마땅하게 여기고 미워하면 사는 게 고역이다. 눈 떠서 잠들 때까지 '좋아하지 않는 주인공'을 데리고 영화를 찍어야 하는 감독처럼 지겨울 게 아닌가. 아, 도대체 누가 그런 영화를 보고 싶어 한단 말인가."

말하자면 그는 그의 삶의 가장 확실한 응원 단장이다. 박연준은 「박연준」이라는 영화의 각본, 주역, 감독 역할을 아주 충실히 해내는 중이다.

"
걸으면
내가 풍부해져요.
정체되어 있던 게 흐르니까.
나를
흘러가게 하는 건
오직 나뿐이에요.
"

삶을 뒤흔든 열두 번의 만남

07

interviewee
타일러 라쉬

keyword
자신

sentence
"한국인은 개인을 모르는 개인주의자예요"

타일러 라쉬 Tyler Rasch

미국 매사추세츠주에서 태어나 버몬트주에서 자랐다. 프랑스어와 한국어를 포함, 9개 국어를 구사하고 다방면에 박학다식해 언어 천재, 일명 '뇌섹남'으로 불린다. 시카고대학교에서 국제학을 전공하고 서울대학교에서 외교학 석사 학위를 취득했다. 2014년부터 본격적으로 한국에 정착, 방송인, 영어 강사, 작가, 화가로 활동 중이다. 신개념 에이전시 웨이브 엔터테인먼트를 공동 설립했으며, 한글 과자를 직접 만들어 판매 중이다. 기후 위기를 경고하는 책 『두 번째 지구는 없다』를 펴냈다.

―・―

　소속사가 있는 인터뷰이를 섭외하려면 긴긴 과정을 거친다. 엔터테인먼트사를 검색해서 홍보팀에 전화하고, 해당 인터뷰이 담당 매니저 연락처를 받은 후 간략하게 통화, 건네받은 이메일 주소로 구체적인 내용을 담은 인터뷰 요청 메일을 보낸다. 진심을 실어 간곡하면서도 프로답게. 여기까지는 1단계에 불과하다. 언제 올지 모르는 답변을 기다려야 한다. 수일 내에 답변이 오기도 하지만, 소위 '읽씹'의 경우도 허다하다. 회사마다 시스템도, 대응 방식도, 답변의 주기도 제각각인데, 가장 힘든 건 언제 올지 모르는 답변을 하염없이 기다리는 일이다.

　방송인 타일러 라쉬는 달랐다. 이런 섭외 과정은 처음이었다. "전에 없던 시스템의 소속사를 만들었다", "아티스트와 회사의 수익 배분을 9 대 1로 한다"는 정보를 듣고 그를 꼭 인터뷰하고 싶은 마음이 든 차였다. 섭외를 위해 그가 방송인 줄리안과 공동 설립한 회사 '웨이브 엔터테인먼트'의 인터넷 홈페이지를 방문했다.

　타일러 대표의 사진을 클릭하자, 게임 단계처럼 한 화면씩 펼쳐진다. 1. 문의 보내시려면 먼저 본인의 기본 정보를 알려 주세요. 2. 성family name이 어떻게 되세요? 3. 이름first name이 어떻게 되세요? 4. 직함은요? 그렇게 스무 개 정도의 페이지를 쓱쓱 넘기면서 퀴즈 풀듯 답변했다. 소속 기관, 문의 내용, 이메일 주소, 전화번호는 물론 인터뷰 주제 및 취재 방향, 질문, 희망하는 인터뷰 일정과 결과물을 내보내야 하는 일정까지. 마지막 페이지가 닫히자 '재밌다'는 생각마저 들었다. 이메일을 열어 보니 내가 답변한 문장이 한 페이지에 가지런히 정리돼 도착해 있다. 그리고 이어진 메시지.

"보내 주신 문의에 대해 최대 48시간 이내 검토를 시작해 5영업일 이내 진행 여부에 대한 회신을 드립니다. 문의 주신 내용은 타일러 본인과 함께 신중히 검토하며……."

체계적이고 합리적이었다. 무엇보다 "5영업일 이내에 답변을 주겠다"는 문구에 강한 신뢰감이 들었다.

'대한외국인'으로 불리는 방송인 타일러. 그에게 묻고 싶은 질문의 줄기가 많았다. 9개 국어를 구사하면서 웬만한 한국인보다 한국어를 더 잘하는 비결, 무려 10만 부가 넘게 팔린 책 『두 번째 지구는 없다』 집필 이면의 이야기, 그리고 세상에 없던 기획사를 설립한 배경까지. 메일 내용대로 정확히 5영업일 만에 답변이 왔다. 인터뷰를 하겠다고. 그가 제안한 장소인 '일찍스튜디오'에서 아침 일찍 그와 마주 앉았다. 타일러 대표가 인도 방송인 니디 아그르왈과 함께 오픈한 공간이라고 한다.

공간 구성이 알차 보여요. 넓지 않은데 스폿spot이 다섯 군데나 되는군요.

"이 스튜디오를 만들면서 친환경 비즈니스 모델을 살렸어요. 소품과 가구는 대부분 재활용품이고, 난방은 재생 에너지를 사용하고, RE100Renewable Electricity 100에 가입했어요. 이 공간을 쓰는 사람은 모두 친환경을 실천하게 되는 셈이죠."

오늘 인터뷰에서는 타일러 대표의 다른 면을 발견하고 싶습니다. 사전 질문지는 받으셨죠? 그 질문지는 이미 알려진 모습을 바탕으로 작성한 거예요. 그런데 왠지 당신 안에는 발견되길 기다리는 비밀의 정원이 있을 것 같다는 생각이 들어요.

"이런 인터뷰 너무 좋아요. 깊은 얘기를 나눌 수 있을 것 같아 기대됩니다. 사실 방송에 비치는 모습은 일부에 불과하거든요. 저는 바보 같은 모습도 있고, 의외의 면도 있는데 대부분 편집되고 비슷한 모습만 보여서 아쉬웠어요."

좋아요. 이 대화가 어디로 흐를지 모르겠지만, 설레는 마음으로 즉흥 인터뷰를 시작해 보죠.

"기대가 됩니다. 하하."

요즘 타일러 대표가 가장 중요하게 생각하는 건 뭐죠? 단어 세 개를 꼽아 보겠어요?

"(한동안 침묵) 자신, 변화, 실험이에요."

자신이라면?

"한국 대학가에서 꿈, 미래, 장래 희망을 주제로 강연할 기회가 많아요. 현장에서 느낀 건, 사람들이 자기 자신을 너무 모른다는 거예요. 이건 한국 사회가 지난 몇십 년 동안 앓아 온 부분 같아요. 자신을 잘 모르거나, 알기를 포기한 이들이 많아요. 옳은 결과물을 만들어 내기 위해 성공의 길이 정해져 있다고 생각하는 사고가 굳어진 것 같다고 할까요. 어릴 때부터 자신을 알아 가면 안 되는 것 같은 분위기가 있어요. 자신이 뭘 좋아하는지 모르고, 심지어 하고 싶은 것이 무엇인지를 모르는 사회 초년생이 너무 많아요."

충격받은 표정이군요.

"너무 놀랐어요. 꿈이 뭔지 모르겠다는 사람은 이해할 수 있어요. 그런데 하고 싶은 걸 어떻게 찾아야 하는지 모르겠다니. 처음부터 자신 안에서 뭔가를 찾아서 해 본 적이 없다는 얘기죠. 늘 밖에서 주어졌기 때문에 자신 안에 있는 걸 꺼내 오면 안 된다는 교육을 강하게 받은 것 같아요. 이런 사람들이 80퍼센트 정도로 보여요."

당신이 나고 자란 미국은 도대체 어떻길래요?

"많이 달라요. 한국은 미국뿐 아니라 다른 나라와도 너무 달라요. 한국에서는 경쟁 구도가 자기 자신을 누르는 것 같다고 할까요. 공식에 맞춰 살아야 잘 사는 거라고 믿어 왔기 때문에 교육 제도는 물론 커리어, 자격증, 승진 평가 방식 등에 다 엇비슷한 틀이 있어요."

하지만 한국의 놀라운 경제 성장의 비결을 이런 교육 제도에서 찾는 시각도 적지 않습니다. 예를 들어 펜실베이니아주립대학교 사회학과 샘 리처드 교수는 한국의 교육열을 놀라워하며 칭송하고 분석합니다. 그것도 몇 년 동안 지속적으로 말이죠.

"시대가 달라졌어요. 한국은 더 이상 개발 도상국이 아니에요. 이미 선진국 대열에 들어섰기 때문에 제조업 시대의 전략은 앞으로의 세상에 맞지 않아요. 자신을 모르면 새로운 가치를 만들어서 창출할 수 있는 기회가 많지 않습니다. 모두가 프로듀서가 될 수 있는 세상이 왔고, 그 기회를 여는 건 개개인의 힘이에요. 여기에서 중요한 건 차별화와 희소성입니다. 대체 불가능한 사람이 칭송받는 세상이 왔어요. 다른 사람이 제공한 기준에 맞춰 사는 건 대체 가능한 삶이라서 경쟁력을 갖지 못해요."

저 또한 타일러 대표의 말에 충격받았어요. 세대론에 관심이 많아서

1970년대생의 특징을 다룬 책(『다정한 개인주의자』)을 쓰기도 했는데, 책의 핵심은 위 세대까지는 집단주의 사고가 강하지만 1970년대생부터 개인주의 사고가 등장한다는 거예요. 말하자면 1970년대생이 20대가 된 1990년대부터 개인주의 시대가 도래했다는 것이 저의 분석입니다. 그런데 현재 20대가 여전히 나다움을 추구하지 않는다면, 지난 20여 년 동안 한국 사회의 사고방식은 크게 달라지지 않았다는 얘기인데요.

"그 분석에 동의해요. 1970년대생 이후의 한국인들은 개인주의자가 맞아요. 다만 '개인을 모르는 개인주의자'로 보입니다. 개인주의와 집단주의는 선호하는 생활 방식이 아니라, 생존 전략 개념이에요. 내가 이 사회에서 먹고살기 위해 취하는 방식이 다른 사람에 의해서인지, 아니면 스스로의 선택인지, 수단과 방법론의 문제죠. 요즘은 개인주의를 택할 수밖에 없는 세상이에요. 업무 형태도, 경쟁 구조도 바뀌었으니 20대는 집단주의를 채택하면 살아남을 수 없어요. 하지만 문화적으로는 아직 개인주의가 성숙하지 않았어요. 개인주의 사고방식으로 잘 살아가려면 교육 제도나 사회 구조, 인사 관리 방법 같은 사회 시스템이 두루 구비되어야 합니다. 그렇지 않으면 개개인의 다양성을 수용하지 못해요. 현재 한국의 생존 방식은 개인주의를 종용하면서 사회 문화적으로는 남과 똑같이 행동하라고 암암리에 강요해요. 그러니 개인을 모르는 개인주의가 될 수밖에 없죠."

"개인을 모르는 개인주의"라. 사회 문화적으로 개인주의가 성숙하기 위해 대체 어디에서부터 실타래를 풀어야 한다고 보는지요.

"개인에서 시작해야 한다고 봐요. 그래서 '자신'이라는 키워드를 던진 거예요. 인적 자원이 과연 무엇인가를 진지하게 고민해 봐야 합니다. 한국은 지하자원도 없고, 경제 규모도 작은 편이어서 교육과 혁신 분야에 투자해 왔는데, 인적 자원을 아직도 제조업 마인드로 바라보고 있어요. 창의를 경제적 가치의 시작이라고 볼 수 있어야 합니다."

그렇다면 창의는 안에서 우러나오는 것일까요, 아니면 밖에서 심을 수 있는 것일까요?

"창의는 농사와 달라요. 대파 하나를 자라게 하려면 대여섯 개의 씨앗을 심고 머리카락 같은 모종이 생기면 안전한 온실에서 키웠다가 밭으로 옮기죠. 사람의 성장은 그렇지 않아요. 궁금해 하는 것 하나하나가 씨앗이에요. 심고 오랫동안 기다려야 그것이 가치 있는지를 알 수 있어요. 누군가가 대신해 줄 수 있는 게 아니라는 거예요. 남에게 어떻게 평가받을까 생각하기 전에 내 안에서 틔울 수 있는 씨앗을 먼저 들여다봐야 해요. 그 씨앗들이 어디까지 자랄 수 있을까를 궁금해 하면서 기대하는 마음으로 들여다보는 과정은 너무너무 소중해요."

내 안의 씨앗을 꺼내면 이 사회가 요구하는 성공 방정식과 부딪힐 것 같은 두려움이 있는 사람도 많아요.

"있죠, 있죠. 해 본 적 없으니까 두려울 수밖에 없어요."

경제적으로 가난해질 것 같고, 경쟁에서 뒤처질 것 같고, 나의 견고한 세계가 무너질 것 같은 두려움도 있을 거예요.

"상상만으로는 꺼낼 수 없어요. 순수한 나의 궁금증으로부터 출발하는 뭔가를 해 본 적 없는 사람이라면 작게 작게 시작하면 좋겠어요. 그걸 해 나가는 과정에서 두려움이 사라질 거예요."

씨앗을 꺼내려 용기를 냈는데, 그 용기가 누군가로 인해 차단당했다면요? 그때는 어떤 마음으로 한 번 더 용기를 내야 할까요?

"두 가지 방법이 있을 것 같아요. 첫 번째, 가지치기입니다. 뭔가를 공유했는데 계속 누르려 하거나 꺾으려 하는 사람이 있다면 그는 나에게 필요한 사람이 아니에요. 잘라 내는 게 나아요."

그 사람이 가족이라면 어떡하죠?

"가족이라도. 냉정한 말이지만, 나 자신을 있는 그대로 받아들이지 못하는 가족을 가족이라고 할 수 있을까요? 그런 가족은 내 삶을 계속 힘들게 할 가능성이 커요. 매우 힘든 일이지만 쳐 내는 게 맞는 것 같아요."

음……. 타일러 대표님의 가족에 대한 관점은 확실히 대부분의 한국인과 많이 다른 것 같아요. 한국인들은 가족을 숙명처럼 여기면서 어떻게든 껴안고 가려는 경향이 강하거든요.

"가족도 물론 중요합니다. 하지만 가장 중요한 것은 나 자신이에요. 나보다 더 소중한 존재는 없다는 걸 명심해야 한다고 생각해요."

그렇다면 만약 당신이 가족을 구성하고 아빠가 된다면, 아이를 어떤 자세로 기르겠어요?

"두 가지를 말하고 싶어요. 첫째, 이런 사회 구조가 변하지 않고, 선생님과 부모도 기존 틀을 받아들인다면 대한민국에서 아인슈타인이 태어나도 아인슈타인을 만들 수 없어요. 납작하게 눌러 버려서 개미처럼 만들어 버릴 거예요. 그걸 인식하고 모두가 맞서야 해요. 둘째, 한국에서 부모의 역할은 경쟁을 잘하도록 뒷받침해 주는 경우가 많아요. 학교 역할을 보충하면서 현 교육 시스템이 요구하는 걸 따르도록 돕더군요. 제 생각은 달라요. 시스템이 하지 못하는 걸 해 주는 게 부모의 역할이라고 봐요. 학교와 사회가 요구하는 것과는 다른 것, 대안이 될 수 있는 것, 맞설 수 있는 것을 하도록 도와야죠. 부모가 해 주지 않으면 그 역할을 누가 할까요. 혼자서 맞서는 건 쉽지 않아요. 가족과 함께 있으면 부딪혀도 괜찮다는 걸 보여 줘야 합니다."

그런 부모가 있다면 아이로선 힘이 나겠군요. 저 역시 두 아이의 부모로서 스스로를 돌아보게 됩니다.

"맞서 주세요. 그 고민들을 다른 부모와 공유도 해 주면 좋겠습니다. 내 아이의 다양성을 꺼내서 실험을 해 보고, 그 실험 과정과 결과를 다른 부모와 나누는 과정에서 사회 구조가 바뀌고 변화가 생길 거예요."

앞의 질문으로 돌아가 보죠. 힘들게 낸 용기가 타인에 의해 차단당했을 때 다시 용기를 내기 위한 두 번째 방법에 대한 이야기를 이어 가 주겠어요?

"버럭 하는 게 맞다고 봐요. 갑질이 있으면 을질도 있어요. 갑질을 받아들이는 게 을질이에요. 하물며 갑질을 받아들이기도 전에 을질을 하는 경우가 많아요. '세상이 원래 그렇지' 하고 순응해 버리는 사람이 있는데, 그게 바로 을질이에요. 누가 자신을 누르려 한다면 화를 내면서 지적해야 해요. 그러지 않으면 사람이 안 바뀌고, 세상도 안 바뀝니다. 본인이 살고 싶은 세상은 스스로 만들어야죠. 자신을 누르려 하는 사람에 맞서 화도 내고, 가지치기를 해야 합니다. 나답게 살지 못하면 왜 살아요? 나다움을 지킬 수 없는 건 죽음에 이르는 병이에요."

오우, 너무 극단적인 발상 아닌가요?

"삶의 목적은 자아실현이에요. 결국 못 해내도 괜찮지만, 자아실현을 하려는 과정 자체가 인생이에요. 자아실현은 내가 되려는 나이자, 나다움을 이루는 과정이에요. 내가 나다움을 실현할 수 없다면, 그런 삶이 타격을 입었다면 삶의 의미가 없어요. 그 인생의 주인은 내가 아니죠. 나는 나 자신이고, 자신으로 살기 위해 남과 다른 형태의 나로 태어났다는 것을 명심하면 좋겠어요."

내가 맘에 안 들면, 그때는 어떻게 합니까?

"생긴 것 때문에 맘에 안 들어 하는 건, 다시 말해 남과 비교하는 건 나답지 않은 거예요. 나답게 더 아름다워지고 매력적으로 살 수 있는 길이 있고, 그건 다른 사람의 방향과 다를 수 있어요. '나는 왜 저 사람 같지 못할까' 하는 사고는 병이에요. 남의 삶을 살아야 한다는 착각이죠. 내가 없는 삶이니 그런 생각이 드는 순간, 빨리 정신 차려야 합니다. 외모 부분 아닌 다른 부분에서 나에게 만족하지 못한다면 개선할 수 있어야 하죠. 더 성장해서 더 나다운 나, 더 완성된 나, 내 그릇을 채워 가는 나가 되어야 해요."

인터뷰가 전혀 예상하지 못한 방향으로 흐르면서 심화되고 있어요. 시작하기 전까지만 해도 타일러 대표가 나다움의 가치에 대해 이토록 강조할 줄 몰랐거든요. 한국에 살면서 '이건 아닌데' 하는 지점이 많았나 봅니다.

"
갑질이 있으면 을질도 있어요.
'세상이 원래 그렇지' 하고
순응해 버리는 사람이 있는데,
그게 바로 을질이에요.
누가 자신을 누르려 한다면
화를 내면서 지적해야 해요.
그러지 않으면 사람이 안 바뀌고,
세상도 안 바뀝니다.
"

"맞아요. 나답게 살지 못하는 한국인에 대한 이야기를 진짜 하고 싶었어요. 미국에서는 자신의 기호와 맞지 않거나 세계관이 달라도 '그런가 보다' 하고 넘어가요. 어차피 자기 안에도 다른 점이 있으니까. 누가 맞고 틀리고 차원의 문제가 아니고, 결론을 낼 필요도 없어요. 나의 나다움이 너와 달라도 억압적이지 않고 이상하지 않죠. 그래서 다른 관점을 가진 사람과의 대화가 자연스러워요. 그런데 한국에서는 누가 무슨 얘기를 하면 평가를 해요. 그저 궁금해서 꺼낸 이야기인데도 자꾸만 평가를 해서 충격적이었어요."

예를 들면요.

"외모 지상주의가 대표적이에요. 제가 탈모가 있잖아요. 머리카락을 심고 싶었으면 심었고, 문신을 하고 싶었다면 했을 거예요. 약을 바르고 싶거나 먹고 싶었다면 그렇게 했을 테고요. 못 한 게 아니라 안 한 거예요. 탈모가 있을 거라는 걸 10대 때부터 알았고, 탈모가 있어도 멋진 사람들이 얼마든지 있기 때문에 굳이 바꾸고 싶지 않았어요. '머리숱이 적으면 어쩌지?'라는 심리가 없었죠. 그런데 한국에 오니 이걸 저의 콤플렉스로 바라보고 쉬쉬하는 시선이 느껴져요."

그게 예의라고 생각하니까요.

"그러니까요. 아주 단순한 것도 나다움을 지키기 어렵더라고요. 모든 면에서 표준을 정하고 거기에 맞추려 해요."

그렇다면 당신은 콤플렉스가 없나요?
"없었는데 생기려 해요(웃음). 방송 출연할 때 저는 안 해도 된다고 해도 사람들이 와서 '헤어를 어쩌지, 어쩌지?' 하면서 난감해 하고, 제 목에 있는 점을 물어보지도 않고 가리려 하거든요. 요구를 안 했는데 나서서 저 자신을 바꾸려는 모습을 계속 접하면 방어적으로 나올 수밖에 없잖아요. '바꾸지 말아 주세요. 흑채를 뿌리지 말아 주세요'라고 말해야 하는 상황이 많아요."

아직 한국의 학교는 근대식 교육 방식을 벗어나지 못한 이유가 크다고 봐요. 고 이어령 선생님은 학교를 "생사람 잡는 곳"으로 표현했어요. 자신은 굴곡진 한국 현대사 한가운데서 제대로 된 학교 교육을 받지 못했기 때문에 생사람으로서 스스로를 지킬 수 있었다면서 말이에요.

"우리 사회가 유지되려면 어느 정도의 틀은 필요하다고 봐요. 그런데 그 틀에 온전히 맞춰서 사는 사람들이 자살을 많이 하는 것 같아요. 그런 경우를 많이 봤어요. 제가 서울대 대학원을 다녔잖아요. 서울대에 입학하기 위해 부모님의 바람에 맞춰 살아왔는데, 막상 학교에 와 보니 자기가 누군지 모르겠는 거예요. 이 삶은 내 것이 아니라고 느끼면서 '내 건 뭐지? 나는 왜 살고 있는지 모르겠어' 하면서 자살 시도를 하더라고요. 한국 경제 수준이 높아지고, 삶의 질도 좋아졌는데, 자살률이 세계 1위잖아요. 결국 이유는 거기에 있는 것 같아요. 타인의 기준을 위해 나를 희생했다는 걸 깨닫는 순간 우울증이 옵니다. 이런 문화를 알면서 바꾸지 않는 것은 죄라고 생각해요. 저는 문화 상대주의를 좋아하지 않습니다."

문화 상대주의를 좋아하지 않는다니요?

"모든 문화를 존중해야 한다고들 하죠. 김치, 무예 같은 전통 문화는 존중받아야 마땅해요. 하지만 사회 문화는 무조건 존중하면 안 돼요. 남의 기준을 따라 사는 이런 한국의 문화는 존중받을 가치가 없다고 봐요."

타일러 대표가 이방인으로서 바라본 한국의 면면을 들으니 다른 관점에서 생각하게 되는군요. 대상과 거리를 둬야 문제의 원인이 객관적으로 보인다는 말을 실감하게 됩니다. 그렇다면 해결의 첫 열쇠는 어디에서 찾을 수 있다고 보세요?

"일상을 살아가는 개인 한 명 한 명이 태도를 바꿔야 해요. 타인을 있는 그대로 받아들이려는 자세가 절실합니다. 내 기준을 남에게 요구하지도 말고, 누군가의 기준을 나에게 끌어들이지도 말아야 해요. 저는 '사람 태도'라는 말을 씁니다. 한국인 특유의 '정情' 문화는 애매한 구석이 있어요. 물론 좋은 점도 많지만, 간섭을 '정'

으로 착각할 때가 있어요. 살 빠졌네, 주름이 늘었네, 머리숱이 없어졌네, 어떡하냐며 걱정해요. 이런 것이 과연 정일까요? 아니라고 생각해요. 문화를 핑계 삼아 스스로 성찰하지 않고, 자신의 단점을 바꾸지 않겠다는 것으로 보여요."

웨이브 엔터테인먼트 창업은 그 일환인가 보군요. 투명하고 효율적인 운영, 매출의 90퍼센트가 아티스트에게 돌아가는 구조를 내세운 엔터 사의 등장은 파격이에요.

"그렇다고 볼 수 있죠. 웨이브 엔터테인먼트는 동업자인 줄리안 님의 제안으로 시작했어요. 그동안 한국 엔터 업계는 의도적이든 아니든 아티스트에게 돌아가는 수익 구조가 투명하지 않았어요. 우리가 변화를 만들고 싶었습니다. 변화의 파장, 새로운 물결을 일으키고 싶다는 열망을 담아 웨이브 엔터테인먼트라고 이름 붙였어요. 가장 린lean, 최소한의한 형태로 회사를 운영하고, 아티스트에게 수익이 많이 돌아가야 아티스트 스스로에게 투자할 수 있다는 철학이에요. 모든 문의는 폼form을 통해 하고, 불필요한 현장 지원 인력을 최소화하고, 대부분의 업무를 원격으로 처리합니다."

그나저나 9 대 1이라니, 남나요?

"남아요. 수익이 엄청 많이 남는 구조는 아니라도 흑자 운영이 가능합니다. 기부까지 준비 중이에요. 큰 금액은 아니지만 회사의 비즈니스 모델에 녹이기 위해서죠."

엔터 업계 입장에서는 시장을 교란하는 도전으로 보는 시각도 존재할 것 같은데요.

"아직까지는 우리를 견제하는 것 같지 않아요. 다른 소속사 아티스트를 빼앗아 온 적이 없어서이기도 하고, 운영 방식과 철학 자체가 너무 다르니까요. 경쟁 관계로 볼 수 있을까 싶기도 합니다. 새로운 메뉴가 추가됐다고 보면 될 것 같아요."

엔터 업계의 판이 대대적으로 바뀌고 있어요. 스타에 대한 인식 자체가 바뀌었고, 미디어 환경이 변하면서 1인 미디어 시대가 열렸죠. 변화의 방향을 어떻게 읽고 있는지 궁금합니다.

"2010년쯤부터 이미 미국에서는 퍼스널 브랜드가 중요해지고 유튜브가 부상했어요. 한국은 2014~15년에 퍼스널 브랜딩 개념이 생긴 것 같아요. 개인이 브랜드가 되고, 사업체가 된다는 것이 명확해졌죠. 엔터 업계도 마찬가지예요. 대중적인 관심은 크게 없지만 특수 분야에서 일하는 사람이라면 누구나 사업체를 가질 수 있는 시대가 됐어요. 한 예로 조명 디자이너도 자기만의 브랜드를 만들고 사업체를 꾸려서 1인 기업처럼 활동할 수 있죠."

어떤 사람이 개인 브랜드로 우뚝 서기에 유리할까요?

"자기만의 분야에서 어느 정도 몸담았고, 공유할 수 있는 콘텐츠가 쌓여 있으면서 솔직하고 진정성이 있고, 새로운 것에 대한 도전 의식이 있으면서 소통을 잘하는 사람이라면 누구나 가능하다고 봐요."

의아해요. 2010년부터 미국 유튜브 시장의 폭발력을 읽었다면 인구 구조로 볼 때 미국에서의 활동이 유리했을 텐데요. 그 어마어마한 시장을 놔두고 한국이라는 작은 나라에 정착했어요.

"원래 하고 싶던 건 개인 영역이 아니라 국가 부문의 일이었어요. 정보 분석, 외교, 인텔리전스 업계 일에 관심 많았어요. 그래서 서울대에서 외교학 석사 과정을 밟았는데, 우연히 방송 일을 하면서 방향이 달라졌죠. 저는 지금 있는 곳에서 생각하는 편이거든요. 미국에서 활동하게 된다면 과연 가치를 제공할 수 있을지 모르겠어요."

'가치'의 관점에서 일을 바라보는군요. 한글 과자 제작도 대단히 가치 있는 행보예요.

"한 친구와 영어 몰입 교육 활동을 하다가 떠오른 아이디어였어요. 어릴 적 알파벳 과자를 먹고 자랐는데, 한국에는 한글 과자가 안 보이는 거예요. 이럴 리가 없다고 생각하고 알아봤지만 역시 없더라고요. 말이 안 된다고 생각했어요. 생산 가능성을 타진

해 보기 위해 친구와 테스트를 했어요. 집에서 반죽을 하고, 한글 틀을 만들고, 포장 디자인과 네이밍 등 콘셉트를 세우기까지 한 달 걸렸습니다."

한글 과자의 주요 타깃층은 누구죠?

"일단 아이를 키우는 부모들이요. 교육적인 관점이죠. 그런데 우리 주요 타깃층은 20~30대입니다. 창의적인 술 게임이나 마음을 전하는 수단으로 널리 알려지면 좋겠다고 생각했어요. 케이크 위에 '생일 축하해'라고 과자로 장식하거나 회사 친구의 책상에 '힘내'라는 글자로 응원하는 식으로 특별한 날 이벤트로 활용하면 좋을 것 같아요."

인터뷰를 준비하면서 타일러 대표의 두뇌 구조를 들여다보고 싶다는 생각을 했습니다. 9개 국어를 구사하고, 동서고금을 막론한 지식의 양과 지혜의 깊이가 믿기지 않더군요. 그걸 가능케 한 원천이 궁금해요.

"그렇게 봐 줘서 고맙습니다. 지금 그 질문을 들으면서 생각해 봤는데요, 나다움과 진정성이 비결이 아닐까 싶어요. 저는 그저 개인적으로 호기심 가는 것들을 파고들 뿐이에요. 내가 관심 있는 부분에 대해서는 정말 알고 싶고, 그걸 알아가는 과정이 시간 흐르는 줄 모를 정도로 재밌어요. 하지만 관심 없는 분야는 전혀 몰라요."

외국어 공부도 재미로 하는 거예요?

"너무너무 재밌어요. 다른 나라 언어는 다른 사고를 하게 해 주거든요. 언어 교육에 대해 사람들이 잘못 생각하는 부분이 있어요. 언어는 학습의 대상이 아니라, 습득 대상이거든요. 언어를 공부로 대하면 배워지지 않아요. 몸에 배게 해야 합니다. 언어를 진짜 내 것으로 만들어 가는 몰입을 하고 배움에 집중하면 그 재미가 끝도 없어요."

언어 능력은 타고나는 부분을 무시할 수 없던데요. 타일러 대표님은 한 살부터 문장 단위로 언어를 구사하고, 세 살부터 글을 썼다고 들었어요.

"하하. 부모님의 미화도 있을 거예요. 저는 언어 능력이 선천적이라고 생각하지 않아요. 후천적인 부분이 90퍼센트 이상을 차지해요. 한 번 뚜껑이 열려야 돼요. 언어 배우는 과정을 운동처럼 터득하는 거죠. 몸이 유연하지 않더라도 꾸준히 하면 유연해지듯, 언어에 대해 지속적으로 관심을 가지고 습득하면 누구나 언어 뇌가 강화될 수 있어요."

언어 뇌 근육을 만들어라?

"
삶의 목적은 자아실현이에요.
결국 못 해내도 괜찮지만,
자아실현을 하려는 과정 자체가 인생이에요.
자아실현은 내가 되려는 나이자,
나다움을 이루는 과정이에요.
내가 나다움을 실현할 수 없다면,
그런 삶이 타격을 입었다면 삶의 의미가 없어요.
"

"그런 느낌이에요. 그 근육을 활용해 본 적이 없다면 선천적으로 안 된다고 생각하기 쉬워요. 하지만 언어에 대해 한 번 뚜껑이 열리면 언어 습득의 메커니즘을 터득하게 돼요. 모국어만 아는 상태에서는 언어 사용을 따로 의식하지 않고 자동으로 하게 되잖아요. 반면 다른 언어를 사용하면서 습득하고 깨달아 가는 과정에서 제3자의 시선이 생기게 돼요. 그 시선으로 자신을 돌아보게 되면 기존에는 보이지 않던 것들이 보입니다. 언어 세계가 넓어질수록 세상이 완전히 새롭게 다가와요."

그 '뚜껑이 열리던 순간'을 기억하나요?

"어느 순간 갑자기 확 열리기보다 천천히 열린 것 같은데, 한국어를 배우면서 더 많이 열렸어요. 한국어를 모국어로 사용하는 사람은 논리 체계가 다르거든요. 한국어로 말할 때는 제가 자라면서 배운 논리의 순서대로 하면 항상 빗나가요. 그래서 상대방을 설득하는 데 실패하곤 해요. 아무리 설득력 있는 메시지라도 뭔가 걸림돌이 생기더라고요. 그걸 대학원 다니면서 깨달았어요. '언어는 그저 어휘가 아니구나. 세상을 어떻게 바라보는지, 생각의 지도를 알아가는 과정이구나, 인지 환경을 알아야 소통할 수 있구나'라는 걸."

한국어가 어떻게 다르길래요?

"영어는 결론부터 말해요. 그러고 나서 여러 가지 논증을 달고 결론을 강조하는 구조죠. 협상을 한다면 내 패를 먼저 까요. '그러면 이렇게 되고 저렇게 되어서 너무 좋을 것 같은데, 이렇게 해 주겠어요?' 식이죠. 반면 한국어는 내 패를 먼저 까면 불리해요. 둘러둘러 가는 지점이 함께 있어야 하더군요. 상대방이 들을 자세를 갖출 시간을 준 후 '사실은 이거야' 살짝 보여 주고 논증을 이어 가야 해요. 그다음에 '그러면 이게 좋지 않을까?' 물음표를 던지고 결론 내는 느낌. 너무 강력한 주장을 하면 오히려 거부감을 주고, 시작부터 세게 들어가면 들으려조차 하지 않아요. 한국말은 끝까지 들어야 한다고 하잖아요. 도입부가 길어서 그래요. 긴 도입부는 한국어 말하기에 꼭 필요해요. 그걸 하지 않으면 공을 받을 준비가 안 된 사람에게 공을 던지는 셈이에요."

언어가 바뀔 때마다 사고 체계가 달라지겠군요.

"확확 바뀌죠. 영어로 말할 때는 직설적이에요. 말의 강도가 세고. 그 정도로 언어란 세상을 다르게 보게 해 줍니다. 세상을 덤으로 얻어 가는 느낌이라고 할까요. 요즘엔 포르투갈어를 다시 배우고 있어요."

시간 관리 룰이 있나요?

"시간 관리보다 습관 설계가 중요해요. 예를 들어 포르투갈어를 배우고 싶다면 포르투갈어를 자주 접하는 환경을 만드는 거예요. 인스타그램에서 포르투갈어를 사용하는 사람을 팔로우하면 자연스럽게 포르투갈어에 머무르는 시간이 많아지겠죠. 내 환경에 포르투갈어가 자동으로 들어오면 딴짓하면서 자연스럽게 배우게 돼요. 책상 앞에 앉아서 '공부해야지' 식으로 하지 않아요."

삶을 꾸려 가는 방식이 참 똑똑하다는 생각이 듭니다.

"똑똑하다는 게 뭔지 모르겠어요. 근데 재밌는 게, 저는 한국인들이 말하는 똑똑하다는 기준에 부합하진 않아요. 한국인들은 시험 점수 잘 나오고, 수학 잘하고 이런 걸 똑똑하다고 하잖아요. 학교에서 저는 시험 점수가 높지 않았거든요. 수업 시간에 집중을 잘 못해 따라가기 힘들었고, 초등학교 때는 난독증을 의심할 정도였어요. 영어 스펠링을 잘 못 외웠고, SAT 시험 점수는 2,400점 만점에 1,800점쯤이었어요."

잠재력에 비해 결과가 안 좋으면 심리적으로 위축되기 쉬운데요.

"전혀요. 성적이 전부가 아니라는 분위기가 팽배했으니까요, 집에서도, 학교에서도. SAT를 못 보면 ACT를 보면 되고, ACT를 못 보면 시험 성적을 안 보는 대학에 지원하면 된다는 식으로 늘 대안이 있었어요."

그러면 성장 과정에서 똑똑하다는 칭찬을 못 들어 봤나요?

"그런 것 같아요. 대신 '사고를 다르게 한다'는 얘기를 많이 들었어요. 중학생 때 선생님이 '타일러는 사고 흐름이 다른 학생과 달라서 가르치는 방법을 달리해야 한다'고 하셨어요. 다른 학생은 명사에 대해 가르치면 명사 생각만 하는데, 저는 명사를 듣다가 동사 생각으로 빠진다는 거예요. 생각이 다른 가지로 뻗어 나가기 때문에 직선적으로 가르치면 심심해 해서 공부를 안 하고, 스스로 가려는 방향으로 같이 가면 오히려 빨리 배운다고 하셨어요. 한 반에 여덟 명 정도의 학생만 있는 작은 학교라 가능했어요."

타일러 대표가 한국에서 자랐다면 어땠을까요?

"이런 사람이 되지 못했겠죠. 그냥 납작하게 눌렸을 것 같아요."

마지막으로 강조하고 싶은 말이 있다면요?

"저는 가치 있는 삶을 살고 싶어요. 그 가치를 만들어 가는 삶이 나다운 삶이에요. 제가 살아가는 이유기도 합니다. 지금 해야 할 역할 중 하나는 사람들이 자기 안에 있는 모습을 꺼내서 있는 그대로 받아들이는 걸 돕는 일 같아요. 그런 작은 실험들을 해 보면서 변화를 받아들일 수 있는 커뮤니티를 소소하게라도 만들면 좋겠어요. 그렇지 않으면 사회가 바뀌지 않고, 한국의 미래가 밝지 않을 거예요. 현실적, 이기적인 이유로 이해관계만 생각해도

'개인을 아는 개인주의자'가 되어야 합니다."

—•—•—

타일러 대표의 고향은 미국 버몬트다. 미국의 50개 주 중에서 와이오밍주에 이어 인구가 두 번째로 적은 곳. 면적은 2만 4,923제곱킬로미터로 서울의 4배 정도인데, 인구는 63만 명 정도로 서울 송파구와 비슷하다. 타일러 대표는 버몬트에서는 시간이 천천히 흐른다고 했다. 자극이 없고 정적이 감싸며, 어디를 가나 헐렁한 곳. 나는 타일러 대표가 나고 자란 곳의 환경이 부러웠다. 드넓은 챔플레인호수와 아름다운 단풍도 부러웠지만, 그보다 더 부러운 것은 각 개인의 다름을 읽어 주고 지켜 주는 사회적 공기였다.

평균으로 납작하게 수렴시키지 않는 사회, 아이 각자의 사고방식이 어떻게 다른지를 알아봐 주고 그에 따른 교습법을 달리해 주는 사회, 자신의 기호와 맞지 않거나 세계관이 달라도 '그런가 보다' 하고 넘어가는 사회, 나의 나다움이 너와 달라도 함부로 충조평판(충고·조언·평가·판단) 하지 않고 조용히 들어주기만 하는 사회, 그리하여 각자의 다움이 있는 그대로 존중받는 사회.

고백컨대 나는 한동안 과잉 사회화로 힘든 시간을 보냈다. 내 안에는 발현되지 않은 자아가 있었지만, 그것을 꺼내면 안 될 것 같은 두려움이 있었다. 내가 바라는 나, 내가 되고 싶은 나로 살다

보면 사회의 이단아가 되어 버릴 것 같은 두려움이랄까. 그것은 나 스스로 만든 감옥이기도 하지만, 평균의 틀이 강한 대한민국이 만들어 낸 사회적 공기의 영향이 크다. 그 압박감에 맞서 나를 지켜 내려면 담대한 용기가 필요한데, 나에겐 그렇게 큰 용기가 없었던 것 같다.

나다운 삶을 영위하려면 혼자의 힘으로는 불가능하다. 나다움의 씨앗을 들여다보고, 그 씨앗을 꺼내서 실험해 보는 과정에서 우리는 너나없이 사회의 영향을 받게 마련이다. 우리 사회는 나다움을 찾는 여정을 지지해 주는 사회인가, 아니면 태클을 거는 사회인가. 효율성과 속도를 우선시하는 사회에서는 나다움의 씨앗이 제대로 발아할 수 없다. 앞으로 우리가 살아갈 세상에서 중요한 힘은 창조력인데, 진짜 창조적인 세상은 창조적 개인을 알아보는 눈 밝은 개인이 많아지는 세상이다.

그런 세상을 어떻게 해야 맞이할 수 있을까. 결국은 나와 여러분 한 사람 한 사람의 힘이 필요할 것 같다. 누군가 튀는 행동을 해도 그의 그다움으로 따스하게 바라봐 주는 시선, 누군가 신기한 질문을 해도 이상한 질문으로 치부하지 않고 그의 생각의 회로를 읽어 내려는 시선, 평균을 벗어난 외모와 세상에 없던 인생길을 걷는 이에 대해 함부로 이래라저래라 간섭하지 않는 시선. 그런 시선들이 하나둘 모이면 각자의 나다움이 존중받는 세상이 오리라 믿는다.

“
타인을
있는 그대로 받아들이려는
자세가 절실합니다.
내 기준을 남에게 요구하지도 말고,
누군가의 기준을
나에게 끌어들이지도 말아야 해요.
”

삶을 뒤흔든 열두 번의 만남

08

interviewee
김호

keyword
시간

sentence

"1년 후 죽는다는 걸 알면, 지금 무엇을 할 것인가"

김호

커뮤니케이션 및 코칭 기업 '더랩에이치' 대표. 세계 최대 독립 커뮤니케이션 컨설팅 회사 에델만에 인턴으로 들어가 사장까지 역임했다. 매년 역대 매출을 경신하며 성공적으로 10년간의 직장 생활을 마친 뒤 독립, 2007년 더랩에이치를 설립했다. 『직장인에서 직업인으로』, 『그렇게 물어보면 원하는 답을 들을 수 없습니다』, 『What Do You Want(왓 두 유 원트)?』 등 아홉 권의 책을 쓰고, 『설득의 심리학』, 『사람일까 상황일까』 등을 우리말로 옮겼다.

——•——

 누구나 한 번의 생을 살지만, 생의 여정이 그려 나가는 행복 곡선은 저마다 다르다. 가로축을 나이, 세로축을 행복도라고 해 보자. 고등학교 때까지는 고만고만하지만, 대학 졸업 이후 크게 갈린다. 누군가는 기울기가 완만한 상승 곡선을, 다른 누군가는 수직 상승과 수직 하강을 거듭한다. 그리고 주요 직장에서 퇴직하는 평균 연령인 49세 이후 또 한 번의 변곡점을 겪는다. 대부분 활동성이 줄어들지만 간혹 퇴직 이후 쓰임이 더 많아지면서 삶의 마지막 날에 가까울 때까지 상승 곡선이 꺾이지 않는 이들이 있다.

 '국내 최고 의사 결정 전문가'이자 커뮤니케이션 코치로 활약하는 김호 더랩에이치 대표는 후자에 속한다. 39세에 잘나가는 글로벌 회사 CEO를 그만두고 나와 직장인이 아닌 직업인으로 살고 있는 그는, 생의 고삐를 틀어쥐고 원하는 삶을 꾸려 나가는 데 점점 거침이 없다. "돈을 버는 이유는 시간의 자유를 얻기 위한 것"이라는 그는, 자기만의 시간 활용 원칙이 있다. 고객 코칭과 워크숍은 주 3일만 하고, 이틀은 목공과 미술 작업을 하여 개인전을 두 차례 열기도 했다. 일과 여행의 경계 없이 살아가는 삶을

WALAWork-And-Live-Anywhere 프로젝트로 정의하여 1년 중 100일 이상을 해외에서 지내며 버추얼virtual로 일하는 실험을 진행 중이다. 이 실험은 편집장 출신의 아내(전 「디자인하우스」 김은령 부사장)와 함께 만든 콘텐츠 레이블 허리포트herreport.xyz를 통해 기록해 나가고 있다.

더랩에이치 홈페이지thelabh.com에 들어가 보면 흥미로운 것이 있다. 그는 무엇을 하는지도 적었지만, 무엇을 하지 않는지도 명확하게 적어 놓았다. "기업의 일회성 특강을 진행하지 않는다", "많이 일하지 않는다"는 것이 대표적이다. 이 모든 것이 시간의 자유를 확보하기 위한 자신만의 전략이다.

코로나 팬데믹, 인공 지능의 발달 등으로 직업의 패러다임이 급격하게 바뀌면서 긱 이코노미, N잡러, 이모작을 넘어선 인생 삼모작, 워케이션 등이 현실화됐지만, 그는 이미 20년 전부터 이 시대가 권하는 직업의 형태를 현실화해서 살고 있다. 그가 품은 질문은 무엇이었고, 그 질문은 어떤 싹으로 발아했을까. 그를 만나고 싶은 마음이 처음 든 건 '학교 가지 않는 아이 신민주'를 인터뷰하면서다. 민주는 초등학교를 졸업하고 언스쿨링을 하면서 책에서 길을 찾는 학생인데, 민주 학생과 소식을 주고받으면서 놀라운 이야기를 들었다. '김호'라는 어른을 자신이 가르치고 있다고. 김호 코치가 묻고 신민주가 대답하는 작고 신기한 세계에 대한 이야기를 들은 후 그를 꼭 만나고 싶었다. 그 인연이 이어져 최근 김호 코치는 신민주의 미국 대학 입학 추천서를 썼고, 원하던 대학의 합격 소식을 전해 들었다며 기뻐했다.

그는 초면에 제안했다. 평어로 인터뷰하면 어떻겠냐고. 나는 순간 광속으로 톤앤매너의 세계에 대해 고민했다. 언어에서는 어미가 하나의 메시지다. 합쇼체를 쓸지, 해요체를 쓸지에 따라 상대 혹은 독자와의 거리감이 달라진다. '~입니다'의 합쇼체가 정장에 풀 메이크업을 하고 레스토랑에서 나누는 정중한 대화 같다면, '~예요'의 해요체는 외출복에 투명 메이크업을 하고 친근한 선후배와 나누는 지적의 대화다. 앞서 합쇼체와 해요체가 상대를 높이는 경어체라면, 평어체는 반말이다. 평어체는 민낯에 트레이닝복 차림으로 동네를 산책하는 말투 같다고 할까.

평어 인터뷰는 위험성이 다분하다. 경박하고 무례한 느낌을 줄 수 있기 때문에 똑같은 메시지라도 힘이 실리지 않는다. 콘텐츠의 깊이가 얕은 이와의 평어 인터뷰는 자칫 수다처럼 전락하기 십상이다. 하지만 나는 김호 코치의 제안에 흔쾌히 응했다. 그가 가진 지혜의 깊이와 통찰력을 신뢰하기 때문이다. 그와의 평어 인터뷰라면 경어 인터뷰에서는 나올 수 없는, 우물물 깊은 곳의 진심을 캐낼 수 있을 것 같았다.

음……. 그럴까요?

"그래 해 보자. 민희."

평어 인터뷰는 처음인데요, 아니 처음인데. 재밌을 것 같아, 호!

"나도 처음이야. 트레바리 독서 클럽에서는 20년 차이 나는 친구들과 평어로 대화를 진행해 본 적 있지만, 인쇄 매체와 평어 인터뷰는 처음 해 봐."

그런데 왜 제안했어?

"민희가 준 사전 질문지를 보다가 생각났는데, 가짜 대화와 진짜 대화를 하는 데 있어 한국 사회가 가짜 대화를 많이 하게 되는 가장 큰 장벽이 존댓말 때문 같았거든. 그래서 존댓말을 걷어 낸 인터뷰를 해 보고 싶었어. 그러면 자신의 의견을 지위가 높은 사람에게도 당당하게 말할 수 있지."

내 인생 첫 평어 인터뷰. 도전하는 마음, 설레는 마음으로 시작해 볼게. 먼저 호의 루틴 얘기를 해 보자. 호는 '세상이 준 시계'가 아닌 '자기만의 시계'를 가진 사람으로 알고 있어. 요즘에도 화·수·목 근무, 월·금 예술 활동 같은 시간표를 지켜?

"응. 큰 이슈들이 몇 번 있었는데, 그때도 가급적 루틴을 지키려 하지. 화수목은 일을 하고 월금은 작업실에서 목공을 하는데, 금요일은 재즈 피아노를 배우고, 월요일은 발레를 배워."

발레? 그 얘긴 처음 들어. 발레를 직접 배운다고?

"배운 지 몇 달 됐어. 30대 에디터와 대화 중 발레 얘기가 나왔는데, 전부터 발레에 대한 로망을 품었지만 한 번도 문의를 해 보지 않았다는 걸 깨달았지. 나이 든 남자가 발레를 한다는 것에 대한 편향이 있었던 것 같고, 발레 복장에 대한 부담감도 있었어. 물어보기나 하자 싶어서 알아봤지. 아주 긍정적인 반응이 돌아왔어. 나도 얼마든지 할 수 있고, 쫄쫄이 위에 반바지를 입어도 된다는 거야. 그래서 바로 시작했지."

어때? 나이 든 남자가, 쫄쫄이 입고, 발레 수업 해 보니.

"내가 워낙 뻣뻣해서 단체 수업은 따라가기 힘들겠더라고. 그래서 주 1회 한 시간 동안 일대일 개인 수업을 받는데, 되게 좋아. 내가 안 쓰던 근육이 이렇게 많았구나를 알게 됐어. 수업의 절반 정도를 몸 푸는 데 쓰는 것도 좋고, 아름다운 음악을 들으면서 하는 것도 좋아. 발레는 움직이면서 하는 명상 같아."

'움직이면서 하는 명상'이라……. 표현 좋다! 하고 싶은 것을 실천에 옮기는 데 어떻게 그렇게 거침없을 수 있지?

"배우는 걸 시도하는 건 좋아하는데, 늘 그래 왔던 건 아니야. 뭐랄까. '아니면 말고'의 심정이야. 일단 해 보고 아니면 말지 뭐, 하는 가벼운 마음."

아니면 말고! 박찬욱 영화감독의 가훈과 같네.

"그래? 또 한 가지는, 사람마다 과거의 내러티브에 붙잡혀 사는 것 같다는 생각을 많이 해. 어릴 때 부모와 학교가 주입한 내러티브 있잖아. '남자는, 여자는 이래야 해', '학교에서는 이렇게 행동해야 해' 같은. 40대 이후에는 그 내러티브에 얽매일 필요가 없는데 그게 쉽지 않지. 나는 그걸 분리하는 작업에 관심이 많아."

어떤 부분을 분리하고 싶었어?

"우리 부모님은 사회적으로 성공했다고 볼 수 있지만, 내가 되고 싶은 어른의 모습과는 거리가 먼 분들이었어. 그분들의 내러티브는 100년 전 시선에 갇혀 늘 다른 사람을 신경 쓰면서 자녀의 경계를 존중하지 않으셨지. 나는 꽤 오랫동안 '심부름 잘하는 호야'에 길들여 있었어. 칭찬받고 인정받기 위해 뭘 시키든 '네' 했거든. 부모님이 해 주신 경제적 지원은 감사하지만, 심리적으로 그다지 좋은 영향을 끼친 것 같지는 않아. '심부름 잘하는 호'에서 벗어나고 싶었어. 하지만 쉽지 않더군. 아주 큰마음을 먹었지. 어느 날 부모님께 말씀드렸어. 이제는 좀 졸업하고 싶다고."

무엇으로부터?

"부모로부터 졸업하고 싶었지. 돌이켜 보면 부모를 졸업한다는 건 하나의 상징이었던 것 같아. 부모뿐 아니라 칭찬받고 인정받기 위해 행동하는 나로부터의 탈피라고 할까."

부모로부터 독립한다는 건 어떤 경험일까?

"굉장히 큰 턴어라운드가 됐어. 위쪽으로 떨어지는* 경험이었지. 사회적으로 지탄받을 수 있지만 심리적 어른이 되는 데에는 꼭 필요한 과정이었어. 이전까지 나는 남에게 원만하게 보이기 위해 노력하는 사람이었어. 부모님은 매일 전화하고 주말마다 찾아오는 것을 기대했고, 시도 때도 없이 연락하셨어. 그때는 다 응해야 하나 싶었는데, 이제는 타인과 원만하지 않더라도 나와 친하게 지내는 게 중요해. 돌이켜 보면 나는 40년 넘게 두 가지 거짓말을 하면서 살았어. '(남의 요청에는) 괜찮아요', '(스스로에게는) 너는 착한 아이야.'"

그런데 진짜로 괜찮은 것이 아니었구나. 착한 아이로 보이기 위해 일

---

* '위쪽으로 떨어지다Falling Upward'는 리처드 로어 프란체스코수도회 신부가 쓴 책의 제목이기도 하다. 인생의 후반부를 잘 살기 위한 방법을 담은 책으로, 전반부에서 실패와 몰락을 경험해 봐야 후반부 삶에 온전히 들어갈 수 있다는 메시지를 전한다.

종의 자기 학대를 해 왔고. 40여 년의 거짓말을 깨닫게 된 계기가 궁금해.

"거절에 대한 책(『나는 이제 싫다고 말하기로 했다』)을 쓰면서야. 커뮤니케이션 관련 책인데, 사실 거절은 부정 커뮤니케이션이 아니라 긍정 커뮤니케이션이야. 나에겐 그걸 극복하는 과정이 심리적 성장에 굉장히 중요했는데, 비단 나만의 문제가 아닐 거라고 생각했어. 많은 한국인들이 거절에 약하지. 과거의 내러티브로부터 분리하는 작업에는 '거절 잘하기'도 포함돼 있어. 거절하는 연습을 계속해 왔고, 요즘엔 거절을 너무 잘해. 불필요한 저녁 약속을 잡지 않고 대부분 집에서 온전하게 보내면서 내가 하고 싶은 걸 어마어마하게 많이 하거든. 과거엔 모임에 불려나가 의미 없는 대화를 나누면서 '나는 누구?', '여긴 어디?'의 상황이 많았어."

호에게 가장 중요한 가치를 하나만 꼽는다면?

"나에게 중요한 건 '시간'이야. 마흔 이후, 시간에 대한 자각이 아주 선명하게 다가왔어. 모든 존재는 죽음을 향해 간다지만, 에너지를 갖고 하고 싶은 것을 하며 살 수 있는 시간이 점점 줄고 있다는 걸 뼈저리게 느끼면서 내 삶의 시간표를 다시 꾸려 가기 시작했지."

호는 점점 더 자신과 친해지고, 자신이 원하는 시간으로 채워 가고

> 나에게 중요한 건 '시간'이야.
> 마흔 이후, 시간에 대한 자각이 아주 선명하게 다가왔어.
> 모든 존재는 죽음을 향해 간다지만,
> 에너지를 갖고 하고 싶은 것을 하며 살 수 있는 시간이
> 점점 줄고 있다는 걸 뼈저리게 느끼면서
> 내 삶의 시간표를 다시 꾸려 가기 시작했지.

있잖아. 그러면 나이 들수록 삶의 만족도가 더 높아져?

"그 질문에서 한 가지를 바꾸고 싶어. '나이 들수록'이 아니라 '욕망에 솔직해 질수록'으로. 삶의 만족도는 나이와는 상관없어. 얼마나 자신의 욕망에 충실한 삶을 꾸려 가는가가 중요하지."

삶의 만족도를 굳이 점수로 매긴다면?

"최근엔 매년 100점 이상이야. 안 해 봤던 목공 전시도 했고, 작년과 올해는 100일 이상 자유롭게 여행을 하며 동시에 하고 싶은 일도 버추얼로 하면서 지낼 수 있었으니. 그런데 이게 점점 내려갈 거라는 걸 알아. 내가 중요하게 보는 건 '활동 기간'이야. 위키피디아에서 연예인 정보를 볼 때도 '이얼스 액티브Years Active'를 봐. 우리나라 가수들은 데뷔 연도를 따지는데, 해외 가수들은 활발하게 활동한 기간을 중요시하잖아. 작년에 미국에 가서 '이글스'의 마지막 콘서트를 봤는데, 멤버의 절반 이상이 50년 넘게 활동했더군. 나의 행복도는 이얼스 액티브에 좌우되는데, 66세나 73세 이후에는 신체적으로 액티브하기 힘들지."

왜 하필 66세, 73세지?

"66세는 우리나라 통계청, 73세는 WHO(세계보건기구)에서 말한 건강 나이의 경계야. 나는 공식 유언장에도 썼지만 70대에는 병이 오길 바라고 있어. 80대까지 살아 있길 바라지 않아."

혹시…… 조력 자살 생각도 있어?

"있어. 70대에 암이 온다면 고통만 줄이는 치료를 하고 수명 늘리는 치료는 받지 않을 거야."

유언장도 써 뒀던데.

"2020년 1월 2일에 사전연명의료의향서 교육을 받고 나서 유언장을 썼어. 52세였지. 코로나로 인해 시간이 나서 변호사와 함께 3개월간 작업하고, 공증까지 받았어. 내가 갑자기 세상을 뜨더라도 내 뜻대로 처리될 수 있도록. 두 번째 전시인 「오비추어리(부고장)」가 내 공식 장례식인 셈이야. 시신은 대학 병원에 기증해 달라고 했고, 장례식도 필요 없다고 했어. 내가 가장 좋아하는 샴페인 크뤼그를 준비해 두고, 내가 좋아하는 노래 열 곡을 틀어 놓고, 나를 기억하는 사람들이 모여서 그걸 마시고 음악을 들으면서 추억해 주면 좋겠어."

유언장 쓰고 나서 달라진 게 있어?
"더 용감해져. 더 거침없어지고."

내 삶의 끝까지 함께하고 싶은 사람은?
"물론 아내지."

책을 낼 때마다 맨 앞 장에 '은령에게'라고 적었더군("인생 질문을 던져 준, 그리고 매일 아침저녁으로 내게 질문을 던지는 은령에게"『그렇게 물어보면 원하는 답을 들을 수 없습니다』. "직장인에서 직업인으로 옮겨 가는 과정에서 처음 몇 년간은 친구로, 그 이후에는 아내로 내 고민을 늘 들어주던 은령에게"『직장인에서 직업인으로』. "나와 매일 질문을 나누는 파트너 은령에게"『What Do You Want?』). 어떤 의도와 마음이야?

"늘 이게 마지막 책이라고 생각해. '올해가 내 삶의 마지막이라면 이 책을 쓰고 싶을까?' 이런 마음으로 쓰거든. 마지막 책이라면 아내에게 한마디 남기고 싶지 않을까? 그렇다 보니 늘 아내를 위해 쓰게 돼. 언제 떠날지 알 수 없으니까."

아내에게 남기는 러브 레터였구나.

"아내는 내 성장에 중요한 역할을 했어. 내가 하고 싶은 걸 지지하고 응원해 주거든. 1년 중 350일을 아내와 저녁을 같이 먹어. 물론 아침은 매일 같이 먹고. 여행도 늘 함께하는데 아내와 함께하는 시간이 엄청 재밌어. 가족이라기보다 친구, 파트너 같은 존재야."

일생일대의 의사 결정은 결혼이 아닐까 싶어. 소위 '국내 최고 의사 결정 전문가'로 불리는 호는 결혼을 결정하면서 스스로에게 어떤 질문을 던졌고, 어떤 답변을 들었는지 궁금해.

"누군가 결혼할 때 무엇을 봐야 하느냐고 물으면 동거를 하거나 긴 여행을 다녀오라고 해. 레스토랑이나 카페에서 데이트를 통해서만 보면 그 사람을 잘 알 수 없거든. 다양한 상황에 맞부딪쳐도 잘 맞는지를 보는 거지. 우리는 여행을 많이 다니고 연애도 오래 했어. 의사 결정을 잘한다는 건 한 번에 잘하는 게 아니라, 거기에서 배워서 다음에는 더 나은 결정을 하는 거야. 잘못된 결정을 했다면 빨리 끊고 나올 수 있어야 하지. 나는 종교는 없지만 좋아하는 기도문이 있어. '바꿀 수 없는 건 받아들이는 평온함을 주시고, 바꿀 수 있는 건 바꿀 수 있는 용기를, 그리고 이 두 가지를 구분하는 지혜를 주십시오.' 이 기도문을 거의 하루에 한 번씩 되뇌지."

앞에서 '아니면 말고' 철학을 말했잖아. 그런데 이 태도와 현명한 의사 결정은 서로 부딪히는 면이 있는 것 같아. 아니면 말고 정신은 일단 저지르고 보는 무모함을 품고 있는데, 그러면 잘못된 결정을 내릴 확률이 높아지니까.

"내 생각은 달라. 사람들은 흔히 성공이냐 실패냐, 이 두 가지로 보곤 하지. 그런데 케니 워너라는 버클리 음대 교수는 이런 말을 했어. '오디션에 합격했으면 성공 1, 떨어지면 성공 2'라고. 떨어졌다면 왜 떨어졌는지를 알 수 있게 돼서 다음 오디션에는 더 보완하니까 실패가 아니라는 거지."

그러면 실패는 뭐야?

"실패는 안 될 것 같다고 생각하고 아예 시도조차 안 하는 것이지. 내가 가장 안타깝게 생각하는 건 계속 고민만 하면서 결정을 뒤로 미루는 거야. 삶이란 실험이거든. 내가 전시에 도전할 때도 갤러리에서 열 번 딱지 맞는 게 목표였어. 처음 갤러리에 문의했더니 전시 경험, 수상 경력, 비평가의 평론 이력 등을 묻더라고. 다 '아니요!'였지. 그러니까 일단 포트폴리오를 만들어서 빨리 제안해 보고 빨리 거절당하자 생각했어."

열 번 거절이 목표라니. 거절하면 상처받지 않아?

"옛날 같으면 받았을 거야. 40대 초반까지는 상처를 잘 받았어. 하지만 이렇게 생각해 보는 거지. 내가 열 사람에게 열 번을 제안했다면 여덟아홉 번은 거절당하는 게 정상 아닐까? 거절을 예외로 생각하느냐, 디폴트로 생각하느냐는 너무 달라. 거절이 예외라고 생각하면 삶이 아프고 돈이 많이 들어. 하지만 디폴트로 생각한다면 그냥 제안을 해 보는 거야."

그러면 호는 실패라는 말을 평소에 안 써?

"쓰더라도 그 의미를 내 안으로 가져와서 재정의하지. 굉장히 중요한 부분이야. 우리가 왜 과거의 내러티브에 빠져서 살까를 생각해 보면, 기존 언어에 대한 정의를 의심하지 않고 받아들여서인 것 같아. 나는 틀에 얽매이고 싶지 않아. 예를 들어 나는 한 주의 시작을 금요일로 생각해. 보통 월요일에 시작하면 피곤해 하니 금요일에 시작해서 이틀 쉬고 월요일에 다시 일을 한다고 여기는 거지."

김호라는 라이프 안에서 단어가 재정의되는구나. 언젠가 '김호의 인생 사전'을 써 보면 좋겠다는 생각도 들어.

"맞아. 관심 있는 주제야. 내가 좋아하는 아티스트들의 공통점은 세상의 언어를 자기만의 철학으로 재정의하는 사람들이야. 이적 씨는 『이적의 단어들』을 냈고, 신해철 씨는 성공을 이렇게 정의했잖아. '마흔 넘어서 안 보고 싶은 놈 안 보면서 살 수 있으면 성공이다.'"

호는 성공을 어떻게 정의해?

"그 질문을 들으니 생각난 건데, 2022년 코로나 때 정약용도서관에서 민희가 이야기한 것처럼 인생 사전을 만드는 특강을 한 적이 있어. 그때 슬라이드에 이렇게 적었어. '현재 호의 사전에는 성공이란 항목은 없습니다'라고. 지금도 그렇지만, 성공이란 단어는 내게 그렇게 중요하지 않아. 그보다는 성장growth과 목표를 향해 한 발씩 나아가는 성취achievement가 내게는 더 중요하지. 만일, 내 목표가 무엇인지 묻는다면, 더 나은 질문을 통해 삶, 관계, 일에서 더 나은 선택을 하도록, 어제보다 오늘 더 잘 돕는 역할을 하는 것이야. 코칭, 워크숍, 목공 작업 모두 이런 맥락에서 하고 있어."

호가 낸 책들을 한 문장으로 압축한다면 "소통을 잘해야 인생이 행복하다"로 말할 수 있겠어. 소통이 전부다, 이런 느낌? 커뮤니케이션에 천착하게 된 계기가 궁금해.

"30대에는 커뮤니케이션을 잘하는 사람이 되고 싶었는데, 40대 들어서면서 나 혼자만 잘하는 게 아니라 다른 사람이 커뮤니케이션을 더 잘하도록 도와주고 싶다는 생각이 들더군. 일은 잘하는데 제대로 된 인정을 못 받는 사람들 있잖아. 여성 중에서도 그런 고민을 하는 경우가 많은 것 같아. 몇 해 전 버클리대학에서 진행한 여성 리더십 프로그램에 참여하면서도 그걸 느꼈어. 일 영역에는 '일'과 '소통'이 있어. 인정을 받느냐 못 받느냐는 이 둘을 패키지로 보느냐, 일만으로 보느냐의 차이지. 위로 올라갈수록 소통이 더 중요해."

커뮤니케이션 노하우를 삶에 적용하면서 더 행복해졌어?

"그 앞에 하나를 더 붙여야 할 것 같아. '나와의' 커뮤니케이션. 나와 대면을 잘 못하는 사람은 심리적으로 회피하거나 재떨이를 던져. 개가 짖지, 사자가 짖지 않거든. 두려우니까 던지는 거야. 안전한 대화를 만들어 가는 것이 내겐 생의 과제야."

동의해. 대화가 안전한 사회야말로 더 나은 사회를 위한 필수 요소 같아. 그런 사회를 만들기 위해 도대체 우리는 무엇을 어떻게 해야 할까?

"나는 행정가나 정치가가 아니기 때문에 한 번에 많은 사람들을 변화시킬 수는 없어. 한 번에 하나씩이 목표야. 이런 거지. 나에게는 성평등 소통이 중요한데, 여기에는 계기가 있어. 내가 10년 동안 출연한 SBS 라디오 프로그램 「김선재의 책하고 놀자」에서 한번은 여류 작가라는 표현을 썼는데, 아내가 지적하더군. 그럼 남자 작가는 남류 작가로 부르냐면서. 망치로 한 대 얻어맞은 것 같았지. 나도 모르게 여성을 불편하게 만들었을 수 있겠다, 싶더라고. 그때부터 보였어. 내 학교는 그냥 고등학교인데 아내의 학교는 왜 여자 고등학교지? 그런 의문이 피어나면서 페미니즘을 전공한 친구한테 2년 동안 과외를 받았어. 그냥 '성평등을 실천합시다'라고 말하는 건 별 의미가 없다고 봐. 리처드 로어 신부가 이런 말도 했어. '최선의 비판은 더 나은 것을 실천하는 것이다.'"

반대를 위한 반대를 반대하는구나.

"반대만 하는 건 오히려 똑같이 부정적인 에너지를 만든다는 거지. 성평등 관련 책을 쓰는 것보다 내 일을 도와주는 30대 어시스턴트 여성과 평등한 대화를 할 수 있다면 그게 더 의미 있다고 봤어. 그게 라이프 스타일의 민주화라고 생각하는데, 관심 있는 사람들끼리 시작해야 수평적인 문화가 확산된다고 봐. 그래서 2025년 3월부터는 4개월에 걸쳐 북 클럽 트레바리에서 '라이프 스타일로서의 민주화'라는 클럽을 이끌고 있기도 해. 내가 만난 택시 기사, 경비 아저씨와 좀 더 평등한 대화를 늘려가는 것이 중요해. 그래서 매주 재활용 분리 수거일에 경비 아저씨와 사적인 대화를 5분간 이어 가고 있어. 에어컨 수리 기사님과 친해지면서 그분의 딸 결혼식에서 읊을 '아버지가 보내는 편지' 작성에 도움을 드린 적도 있지."

진짜? 재밌는 인연이네. 그런데 한편으로는 의구심이 들어. 호에게는 시간이 가장 귀하다고 했는데 어떻게 그분들에게는 시간을 뭉텅 내 줄 수 있지?

"그런 시간은 아깝지 않아. 나에게는 시간에 대한 가설이 있어. 시간 자원은 세 가지 차원이 존재해. 타인, 나, 일. 내가 남과 시간을 보낼 때 중요한 기준은 확장이야. 이 사람과 시간을 보내면서 내가 확장될 수 있을까, 여부를 보는 거지. 몇 년 전 카톡방에 내가 들어가 있는 모임을 검토해 봤는데, 거의 다 그 가설을 통과하지 않더군. 결국 다 탈퇴했어. 그렇게 보자면 이분들과는 내가 확장될 수 있는 여지가 있지. 업무적인 대화만 했지, 인간적인 이야기를 제대로 나눠 본 적 없잖아. 에드거 샤인이라는 조직 문화 전문가가 관계를 업무적 관계인 1단계, 전인적 관계인 2단계로 나눠서 정의했어. 1단계 관계는 상대를 기능으로 보는 관계야. 상대방을 재무, 인사, 영업 등 역할로만 바라보는 일종의 거래 관계지. 2단계 관계는 상대방을 한 사람의 인간 존재 자체로 대하는 관계야. 경비 아저씨, 에어컨 기사님과는 과거에는 1단계 관계의 대화만 나눠 봤는데, 이번에 2단계 관계의 대화를 나누게 되면서 그분도 확장되고 나도 확장되는 거야. 그렇다면 의미가 있지."

우리는 대부분 격자무늬 틀을 통해 세상을 바라보게 되잖아. 그런데 호는 그걸 걷어 내고 창 너머 있는 그대로의 세상을 자기만의 시선으로 볼 줄 아는 사람이야. '김호 월드'는 기능적으로 완전하면서 미적으로 아름다운 세계 같아. 우리가 추구하는 이상 세계가 거기에 있다는 생각이 들어. 그런 세상을 바라보면서, 또 그런 삶을 꾸려 나가려면 어떤 태도를 가져야 할까?

"인생을 여행에 비유하곤 하잖아? 나에게 중요한 건 자유 여행이야. 사람들은 주로 패키지여행으로 삶을 시작해. 부모님이 짜 준 루트, 학교가 짜 준 루트, 직장 상사가 짜 준 루트에 따라 살아가지. 자연스러운 일이지만, 어느 순간 패키지여행을 계속할 수 없는 순간이 와. 패키지여행은 질문과 고민을 안 해도 되지만, 자유 여행은 달라. 여정을 떠나려면 무수한 질문이 필요해. '어디로 떠날까?', '무엇을 볼까?', '뭘 타고 가지?' 같은. 말하자면 나에게는 두 가지가 중요해. 죽음을 의식하고 사는 삶, 그리고 자유 여행처럼 사는 여정."

누구나 자기만의 여정을 떠나는 순간이 온다는 데에 동의해. 하지만

> 나에게 중요한 건 자유 여행이야.
>
> 사람들은 주로 패키지여행으로 삶을 시작해.
>
> 부모님이 짜 준 루트, 학교가 짜 준 루트,
>
> 직장 상사가 짜 준 루트에 따라 살아가지.
>
> 자연스러운 일이지만,
>
> 어느 순간 패키지여행을 계속할 수 없는 순간이 와.
>
> 패키지여행은 질문과 고민을 안 해도 되지만,
>
> 자유 여행은 달라.
>
> 여정을 떠나려면 무수한 질문이 필요해.
>
> '어디로 떠날까?', '무엇을 볼까?', '뭘 타고 가지?' 같은.

연약한 인간이 불안감을 다스리기란 쉬운 일이 아니지.

"새로운 시도에는 불확실성이 따를 수밖에 없어. 모건 하우절이라는 미국의 저널리스트는 그 불확실성을 '벌금'이 아니라 '입장료' 개념으로 봤어. 성장하려면 필수적인 고통necessary suffering이 있을 수밖에 없다는 거지. 성공은 위로 올라가는 것이지만, 성장은 중심core으로 들어가는 거야. 불확실성이 안기는 불안은 예외가 아닌 기본값이고, 성장의 입장료라는 걸 생각해 보면 좋을 것 같아."

50대 이후에 더 근사해지는 어른들이 있잖아. 호도 그렇고 이 공간(최인아책방)의 주인장인 최인아 대표도 그렇고. 롤 모델로 삼고 싶은 어른들의 공통점은 뭘까?

"노벨 경제학상을 수상한 대니얼 카너먼은 뇌가 작동하는 방식을 시스템 1, 2로 설명했어. 시스템 1이 빨리 생각하는 뇌, 리액션하는 뇌, 생각하지 않는 뇌라면, 시스템 2는 천천히 생각하는 뇌야. 이 둘의 메커니즘은 아주 달라. 내가 아침에 일어나서 토마토와 레몬즙을 먹고, 메리 올리버의 시를 읽고 장례식에 쓸 〈대니 보이〉를 피아노로 연주하는 건 시스템 1의 뇌야. '안녕하세요'로 시작해서 '감사합니다'로 끝나는 편지도 시스템 1이지. 별생각 없이 습관대로 움직여. 에너지를 쓰지 않으니 뇌는 이런 상태를 좋아하지. 반면 스티브 잡스가 매일 아침 거울을 보면서 '오늘이 마지막 날이라면 무엇을 할까' 생각하는 건 시스템 2야. 잡스는 의도적으로 시스템 2를 작동시킨 것이지. 멋진 어른들은 시스템 2를 작동하면서 사는 것 같아. 스스로를 자극하면서 확장을 거듭해 가는 삶."

어떤 사람을 존경해?

"나는 존경이라는 단어를 별로 좋아하지 않아. 대신 존중하거나 좋아하는 사람을 묻는다면, '자신과 친한 사람'이라고 답하겠어. 초등학교만 졸업하고 대장장이의 삶을 살고 있는 10대 이평화가 대표적이지. 그가 만약 다른 사람의 시선을 생각했다면 이 길을 선택 못 했을 거야. 스스로 '평화야, 이거 해 보고 싶어? 그렇다면 해 봐'라고 대화했을 것 같아. 멋지지 않아? 이 친구에게 못을 주문해 내 작품의 오브제로 썼어."

진짜 멋진 친구야! 그 친구의 가치를 알아봐 주고, 응원해 주기 위해 그 친구의 못을 주문한 호의 행동 역시 멋지네. 호는 '자신과 친하게 지내는 사람'을 중시하잖아. 그렇다면 자신과 친하게 지내기 위해 가장 중요한 인생 질문을 딱 하나만 꼽는다면?

"'1년 뒤에 내가 죽는다는 걸 알면 지금의 삶에서 무엇을 바꿀 것인가'야. 죽음이 온다고 생각하면 정말 하고 싶은 걸 알게 되잖아. 그런데 이 질문을 '앞'에 물어야지 '뒤'에 물으면 안 돼. 다시 말해 죽음 앞에서 묻는 것이 아니라는 거지. 저녁이 아니라 아침에 물어야 돼. 가장 쓸모없는 말이 '내가 10년만 젊었다면'이야. 미래의 내가 지금의 나를 돌아보면 무엇을 후회할까를 물어야지. 이건 투 두 리스트to do list와는 달라. 나의 욕망에 충실한 삶이지."

대화하다 보니 어린 시절 문구점에 있던 종이 뽑기판이 떠올라. 숫자를 뜯으면 비밀 선물이 적혀 있는. 호는 세상의 모든 개념을 자기만의 언어로 품고 있는 것 같아. '욕망'이라는 단어를 뜯으면 어떤 뜻이 쓰여 있을까?

"누구나 다 가지고 있고, 내가 원하는 것이지만, 잘 들춰 보지 않는 것. 민희의 질문을 받는 순간 담요가 떠올랐어. 우리는 욕망이라는 단어를 터부시하는 경향이 있는 것 같거든. 욕망을 덮어 놓고 사는 사람이 많잖아. 내 안에 적이 없으면 누구도 해치지 못한다는 아프리카 속담도 있듯, 내가 나의 적이 아닐까? 욕망을 직시할 필요가 있어."

뭐가 있었어? 담요를 들춰 봤더니?

"시간 부자. 산다는 건 결국 시간을 살아가는 것이잖아. 나는 한 시간을 1만 원이라고 생각해. 자정이 되면 새로 24만 원이 생기는 셈이지. 그 시간을 어디에 투자할지는 내가 정해. 잠에 8만 원, 책 읽는 데 얼마, 강연하는 데 얼마 이런 식으로. 인생에는 자원이 세 가지 있어. 돈, 건강, 시간. 사람들은 돈과 건강에 대한 전략은 있으면서 시간 투자에 대해서는 잘 생각하지 않는 것 같아. 나에게는 시간이라는 자원이 아주 중요해. 시간의 가치를 돈으로 환산해 봤지. 1시간을 1만 원이라고 했을 때 1년의 가치는 얼마일까? 하루는 24만 원, 한 달은 700만 원이 조금 넘어. 1년이 365일이니 8,760만 원이지."

와~ 비싸다! 대한민국 상위 10퍼센트의 연봉에 해당하는 가치야 (2024년 기준, 상위 10퍼센트 연봉 평균은 8,700만 원이다).

"그렇지? 중요한 건 건강 수명이야. 얼마 남지 않은 건강한 시간을 잘 보내고 싶어. 곧 교토 여행을 떠나고, 그다음엔 아내와 50일간 미국 여행을 계획해 뒀어. 작년에 30일간 가 보니 하루 네 시간씩 운전하는 게 쉽지 않더군. 올해는 하루 두 시간 운전으로 줄였어. 5년 뒤엔 더 줄겠지. 시간이 가장 비싼 것 같아."

호의 책 『What Do You Want?』를 읽으며 뜨끔뜨끔했어. 나는 늘 '시간 거지예요'라는 말을 입에 달고 살았거든. 직장에선 편집장으로, 집에선 두 아이의 엄마이자 아내로, 원가족에서는 착한 딸로 책임감을 다하려 무엇 하나 놓치지 않으려 아등바등 살아온 것 같아. 이 책을 읽으며 내 마음의 소리에 귀를 기울이게 되더라. 내 인생의 작지만 큰 턴어라운드가 될 것 같아.

"아, 그래? 어떻게 변화했는지 너무너무 듣고 싶다. 그때도 평어로 얘기해 줘."

하하. 그렇게. 이제 마지막 질문이야. 호의 뽑기판에서 인생 단어를 하나 더 뜯어 볼게. 바로 커뮤니케이션! 커뮤니케이션을 잘한다는 건 뭐야?

"자기와 소통을 잘한다는 것이지. 내 목표가 '최고의 리스너'라는 것도 같은 차원이야. 코칭하면서 고객과 대화하는 것 같지만, 사실 나는 그 사람의 내면 역할을 하는 거야. 고객이 자신의 내면을 볼 수 있도록 거울을 비춰 주는 것이지. 자기와 소통을 잘하는 사람은 남들과도 소통을 잘해. 그런데 반대로 남들과는 소통을 잘하면서 자기와 소통을 잘 못하는 사람들이 있어. 결국 내가 나와 잘 지내는 것, 이게 좋은 삶의 핵심 같아."

내가 나와 잘 지내려면 욕망의 담요를 들춰 봐야 하는데, 들춰 보기를 두려워하는 사람이 많아.

"그래도 꼭 들춰 보라고 말하고 싶어. 죽음과 마주하는 것이 중요한 것 같아. 최근 『사랑을 담아』라는 책을 읽었어. 남편이 65세에 알츠하이머 진단을 받자 스위스에 가서 조력 자살을 도와준 아내의 일기야. 책을 읽으면서 나에게 질문을 다시 던졌지. '65세에 알츠하이머가 온다는 걸 안다면 지금 무엇을 하고 있을까?' 미래의 죽음을 구체적으로 생각하면, 현재가 달라지지. 오비추어리(obituary: 부고 기사)는 죽음이 아니라 삶에 대한 질문이야. 그때의 시각으로 지금을 바라보면서 내가 원하는 삶으로 가꿔 나가는 것이지."

———◆———

모든 관계에는 시간과 에너지가 필요하다. 나 자신과의 관계도 마찬가지다. 내가 무엇을 좋아하고 잘하는지, 어떤 때 슬프고 어떤 때 분노하는지, '나 사용법'을 알아야 나와 잘 지낼 수 있다. 부모와 세상이 보는 나와 나를 감각하면서 알게 되는 나는 꽤 다른 사람일 수 있다. 타인과 어울려서 살아가는 우리는 대체로 여러 페르소나를 입고 산다. 하지만 이 둘의 거리가 너무 멀어 두 사람인 것처럼 느껴진다면, 그때는 삶의 방식을 바꿀 필요가 있다. 내가 나와 밀착돼야 삶의 공허가 채워지므로.

김호 대표는 세상이 강요한 자아상으로 인해 심리적 불안감이 컸다. "심부름 잘하는 착한 호"는 괜찮지 않은데 괜찮다고 스스로를 속이며 일종의 자기 학대의 시간을 건너왔다. 그를 구원한 건 심리학과 커뮤니케이션 공부였다. 이 과정에서 그는 아홉 권의 책을 썼고, 두 번의 목공예 개인전을 열었다. 50세가 넘어 선보인 그의 두 번의 개인전은 어른 김호의 성장담이다. 첫 전시 「어덜트」의 자화상들은 단 하나도 웃고 있지 않지만, 두 번째 전시 「오비추어리」의 나무못 작품들은 묵직하나 편안하다(그는 최근 작품을 모아 홈페이지 hohkim.xyz에 갤러리를 열었다). 내가 나를 안아

주며 이렇게 말하는 것 같다. '이제는 진짜 괜찮아.'

어떤 인터뷰는 시간이 지나면서 희미해지다가 망각의 강을 건너지만, 어떤 인터뷰는 실핏줄로 파고들어 내 존재의 깊이와 너비를 변화시킨다. 호와의 인터뷰는 단연 후자였다. 인터뷰는 인터뷰어가 묻고 인터뷰이가 답을 하는 장르이기에 인터뷰어의 마음은 상대적으로 가려져 있다. 하지만 호와의 평어 인터뷰는 대등한 대화에 가까웠다. 나는 그와의 인터뷰에서 평소 인터뷰와는 다르게 내 마음을 거침없이 내보였다. 평등한 대화를 위해서 중요한 건 '대등함'이다. 서로 존대든, 서로 평어든 층위만 대등하다면 수평적인 대화가 가능하다. 이번 진심의 인터뷰의 팔 할은 김호 대표의 힘이다. 여덟 살 어린 인터뷰어를 향해 먼저 자신을 한껏 낮추고 귀를 여는 마음.

산다는 것은 시간을 살아간다는 것이고, 살아간다는 건 내가 원하는 삶의 조각으로 시간을 채워 가는 과정이다. 나는 지금 어떤 조각으로 내 인생을 채워 가고 있는가. 어디에 비중을 두고 시간을 보내고 있는가. 나인가, 타인인가. 나의 욕망인가, 외부에서 부여한 책임감인가. 나를 위해 웃기보다 타인을 위해 더 많이 웃어 주지 않았는가. 내 안의 목소리에는 귀를 막고 밖에서 주어진 책임감을 다하느라 하루를 소진하진 않았는가. 그렇다면 과연, 나의 시간을 계속 이대로 사용해도 괜찮은가.

"
'1년 뒤에 내가 죽는다는 걸 알면
지금의 삶에서 무엇을 바꿀 것인가.'
이 질문을 '앞'에 물어야지 '뒤'에 물으면 안 돼.
다시 말해
죽음 앞에서 묻는 것이 아니라는 거지.
저녁이 아니라 아침에 물어야 돼.
"

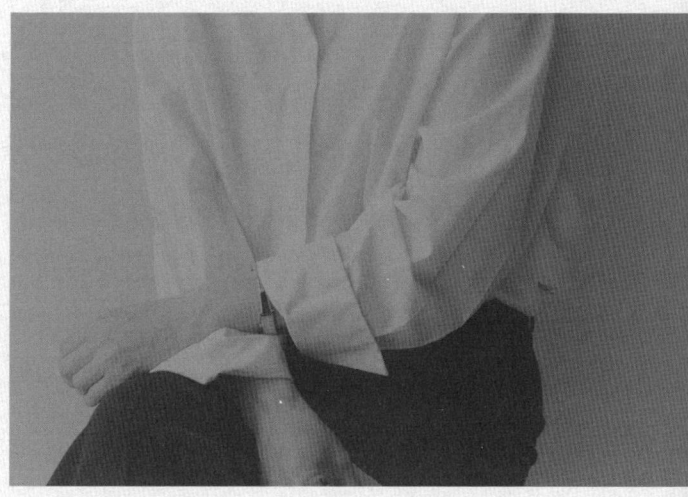

삶을 뒤흔든 열두 번의 만남

09

interviewee
요조

keyword
무해함

sentence

"함부로 정죄하지 않는
세상을 위하여"

요조

뮤지션이자 작가. 본명은 신수진. 앨범 《My Name Is Yozoh》, 《Traveler》, 《우리는 선처럼 가만히 누워》, 《나의 쓸모》, 《나는 아직도 당신이 궁금하여 자다가도 일어납니다》 등을 발표했다. 『오늘도, 무사』, 『여자로 살아가는 우리들에게』(공저), 『실패를 사랑하는 직업』, 『만지고 싶은 기분』, 『대화의 대화』 등을 썼다. '책방 무사'를 제주에서 8년간 운영하다가 홍대 근처로 옮겨 와 운영하고 있다.

─◆─

　싱어송 라이터이자 작가, '책방 무사'를 운영하는 책방지기인 요조는 우리 시대 배려와 사려 깊음의 어떤 롤 모델로 자리 잡아 가고 있다. 타인과 생명을 향한 한없이 무해한 그의 시선은 주변인들을, 독자들을 매료시키고 전염시킨다. 작고 여린 존재들을 향한 따스한 시선과 실천은 제주살이를 하면서 본격화됐다. 해변 쓰레기를 줍는 비치코밍beachcombing에 합류하고, 책방에서는 천가방을 기증받아 책을 넣어 주고, 가급적 중고 물품을 구입하면서, 환경 보호를 위한 '어택attack'은 웬만하면 참여하려 한다.
　그의 활동 반경은 점점 넓어지고 있다. 때론 방송 진행자이자 강연자로, 때론 영화감독으로, 또 배우로 외연을 확장해 가지만, 그의 목소리의 데시벨은 좀처럼 커지지 않는다. 늘 조곤조곤 속삭이듯 말하고, 속삭이듯 노래한다. 역설적이게도 그의 작은 목소리는 꾸준히 힘이 세다. 이래야 한다, 저래야 한다며 고래고래 목청 높여 말한 적은 단 한 번도 없지만, 그래서 귀를 쫑긋해서 듣게 하고 마음속 공명으로 오래도록 남게 한다. 요조처럼 생각하고, 요조처럼 글 쓰고 노래하고, 요조처럼 행동하고 싶어 하는 이들이 늘고 있다. 심지어 '취미가 요조'라는 열혈 팬도 적지 않다.

그는 채식주의자다. 해산물까지 먹는 페스코 베지테리언. 그는 오래전부터 '고독한 채식주의자(플렉시테리언)'로 지냈다. 아주 유연한 수준의 채식주의자 단계로, 혼자 먹을 때만 육식을 피하고, 여럿이 있을 때는 다수의 의견을 따라 아무거나 다 먹는다. 심지어 그는 자신의 생일날은 '치팅 데이'로 정해 작정하고 고기를 먹는다. 고독한 채식주의자의 삶은 그의 말마따나 고기를 좋아하지만 지구도 위하고 싶은 이들의 '완벽한 선택'일 수 있다. 뭔가를 실천한다는 명분도 있고, 타인을 불편하게 하지 않으면서, 육식을 향한 허기도 가끔 채울 수 있으니.

요조는 에세이에서 한층 더 사려 깊고 여유로운 예술가로서의 생각과 삶을 보여 준다. 아무도 다치게 하고 싶지 않은 결연한 사고 위에 성실한 생활인으로서의 이야기들은 때론 한 개인의 성장담처럼, 때론 조용한 캠페인처럼 읽힌다. 이는 나다움을 잃지 않으면서도 활짝 열린 시선으로 생명과 세상을 끌어안으려 애쓴 노력들의 승리인데, 그 시선의 공감 능력은 한계치 초과다. 세상 모든 것에 대한 관심과 호기심을 안고 3인칭 관찰자 시점으로 물끄러미 바라보고, 결국은 1인칭 시점으로 녹아들어 읽어 내고야 만다.

4월의 봄볕이 은빛처럼 부서져 내리던 한낮, 요조와 마주 앉았다. 인터뷰에서 그는 자주 미소 지었고, 또 자주 개구쟁이처럼 키득키득 웃었다. 질문 후 답변이 나오기까지 곰곰 시간이 길었는데, 미소에서든, 답변에서든 자아의 해석력이 높은 이의 단단함이 전해졌다.

———•●•———

우리, 인사부터 할까요? 『실패를 사랑하는 직업』에 썼듯 미국 사람처럼 말이에요.

"하하. 영어를 처음 배울 때, 가장 먼저 인사를 배우잖아요. '하이, 헬로우' 하면서요. 손을 위로 번쩍 들게 되니 몸이 펴지고, 목소리 역시 텐션을 높이게 돼요. 이렇게요. 한국식 인사 '안녕하세요'는 몸을 수그리게 되잖아요. 목소리도 가라앉고요."

요즘 어떤 루틴을 이어 가고 있어요?

"규칙적으로 일어나고, 규칙적으로 자고, 긴장감을 놓지 않게 하는 규칙적인 일거리들을 심어 뒀어요. 일단 정기적으로 기고하는 칼럼이 있어요. 일주일마다, 매달, 계절마다 쓰는 글들이요. 또 달리기를 비정기적이지만 정기적으로 하려 해요. 영양제도 꾸준히 먹으려 하고요."

일상 곳곳을 루틴화했군요. 그것도 아주 체계적으로.

"나이 들면서 저에게 가장 큰 화두는 '내가 해 오던 일들을 어떻게 하면 더 잘할 수 있을까, 내 스스로 만족스럽게 잘할 수 있을까' 하는 것인데요. 그런 생각에 매몰되면 하루 종일 생각만 하면서 불안이나 걱정이 늘기 쉽더라고요. 이런 쓸데없는 생각을 덜 하는 데 루틴이 도움이 됩니다. 컨디션이 안 좋으면 불안한 생각이 커져서 '넌 이제 못할지도 몰라' 하고 겁을 주는 존재로 탈바꿈하거나, '너 힘들지 않아?' 하고 고약한 존재가 만들어지기도 하는데요. 거기에서 지켜 주는 게 루틴이에요. 얼른 나가서 달리기를 하면 바로 건강한 나로 돌아오는 게 느껴져요. 난 살아 있고, '그래, 난 할 수 있어'라는 내 안의 목소리가 생깁니다.

창작자 입장에서 루틴이 예술적 감수성을 발휘하는 데 방해가 되진 않던가요? 창작은 즉흥성과 예외성의 산물이니.

"오히려 도움이 됩니다. 이정표처럼 못 박아 둔 루틴이 있어야 그 안에서 편안하고 자유롭게 창작할 수 있는 마음가짐이 생겨요. 예전에 교회 다닐 때 목사님이 그러셨어요. 인간은 신 안에서 자유로울 수 있다고요. 신이 우리에게 주는 건 규칙과 진리들이잖아요. 그땐 막연히 좋은 말 같았는데, 요즘 들어 이 둘이 비슷한 맥락이라는 생각이 들어요."

루틴을 이어 나가다 보면 자칫 앞만 보고 가기 쉬운데, 요조 씨는 '지

"
나이 들면서 저에게 가장 큰 화두는
'내가 해 오던 일들을 어떻게 하면 더 잘할 수 있을까,
내 스스로 만족스럽게 잘할 수 있을까' 하는 것인데요.
그런 생각에 매몰되면 하루 종일 생각만 하면서
쓸데없는 불안이나 걱정이 늘기 쉽더라고요.
이런 쓸데없는 생각을 덜 하는 데 루틴이 도움이 됩니다.
"

금, 여기'의 오롯한 나를 느끼는 데에도 충실한 것 같아요.

"(한참 생각하다가) 주변 친구들 때문일까요? 주변에 루틴을 철저하게 지키는 친구들이 많아요. 그런 분들을 흉내 내면서 살아가려 합니다. 제가 순간에 집중하느라 놓치는 것도 많고, 해이해지기 쉬운 성정을 갖고 있음에도 주변 친구들을 보면서 다잡는 게 있어요. 어제만 해도 오늘 저녁에 북토크가 있어서 강연 준비를 해야지, 라고 생각했는데 날씨가 너무 좋은 거예요. 남산을 걷고 사진을 찍고 그런 시간을 보내다가 늦게까지 똥줄 탔습니다(웃음)."

"나는 나로 살기로 했다"는 선언이 대유행이 됐는데, 요조 씨는 반대로 "흉내 내면서 살기로 했다"고요?

"누구든지 각자 빛나는 부분이 있더라고요. 아주 사소한 부분이라도. 그걸 발견하게 되면 '난 너의 이런 부분이 너무 빛나서 좋아. 이걸 좀 흉내 내고 싶어'라고 알려 주고, 실제로 따라 해요. 그렇게 사는 게 굉장히 재밌더라고요."

그런 사례가 많아요?

"네. 아주 사소한 사례가 많아요. 제가 저를 위로하고 싶을 때 누룽지를 끓여 먹는 것도 그래요. 지금은 돌아가신 어떤 분이 자기를 위로할 때 누룽지를 끓여 드셨대요. 그 리추얼이 너무 멋있어 보여서 따라 했는데, 진짜 괜찮더라고요. 마음이 헛헛할 때면 누룽지를 끓여요. 구수한 냄새부터 위로가 되고, 한 그릇 다 먹고 나면 기운이 나요. 밥뿐인 음식인데 얼마나 큰 위로가 되는지."

타인의 좋은 점을 흉내 내면서 내가 확장되어 가는군요.
"네. 진짜 그렇게 되는 것 같아요."

음악가이면서 작가이시죠. '책방 무사'를 오랫동안 운영하고 있고요. 게다가 라디오 진행, 영화감독, 배우 등 다양한 분야도 꾸준히 도전했습니다. 스스로 일을 만들기도 하지만, 바깥에서 의뢰하는 경우엔 이 일을 할 것인가, 말 것인가의 기준이 있을 것 같아요.
"크게 두 가지인 것 같아요. 재미와 돈. 일단 뭘 하든 재미가 있어야 해요. 그런데 그다지 재밌어 보이지도, 자신 있어 보이지도, 내키지도 않는데 제 기준에서 파격적인 액수의 제안이 들어오면 흔들리죠. 그게 마이크로임팩트의 청춘페스티벌이었어요. 처음엔 돈 때문에 했지만, 결과적으로 귀한 경험이 됐어요. 남 앞에서 40분 동안 쉬지 않고 말한다는 건 제게 상상할 수 없는 일이어서 처음 몇 번은 못 한다고 고사하다가 도전했는데요. 결과적으로 하길 잘했다는 생각이 들었어요."

어떤 면에서요?
"벅차오르기도 했고, 다양한 청중의 입장을 헤아려 보는 계기도 됐어요. 그때 메시지는 '오늘이 중요하니까, 너무 미래만 바라보면서 오늘을 혹사시키지 말자'였는데요, 생각해 보니 이 메시지가 누군가에겐 폭력적일 수도 있겠더라고요. 오늘을 혹사시키지 않으면 안 되는 누군가도 있잖아요. 그 사람들에게 너무 낭만적으로 얘기해서 상처를 준 게 아닐까, 라는 생각에 후회도 되고 힘들었어요. 나중에 마이크로임팩트 측에서 한 번 더 강연 제안을 해 줘서 무대에 올라 해명했죠."

음악가로서의 길과 작가로서의 길은 어떻게 다른가요.

"중심축이 다른 것 같아요. 산문(글)은 타자 중심에 가깝고, 노래는 화자 중심에 가까운 것 같아요. 산문은 읽는 사람이 납득할 수 있어야 하고, 논리적으로 모순이 없어야 하며, 거짓이 없어야 하잖아요. 그래서 산문이 타인이 읽는 것을 의식하면서 구체적이고 사실적으로 서사를 구축해 나가는 과정이라고 한다면, 노래는 내가 느낀 것들을 중심으로 만들어요. '듣는 사람이 이해를 못 하더라도 애석하지만 어쩔 수 없어, 하지만 이해를 해 주면 너무 기쁠 거야' 하는 마음으로."

그러면 노래를 쓸 때는 시의 언어들이 벼락 맞은 듯 찾아옵니까?

"그럴 때도 있어요. 하고 싶은 이야기의 덩어리가 있는데, 이 덩어리를 구구절절 표현하고 싶다면 산문으로 끌고 가고, 그다지 친절하고 싶지 않다 싶으면 시로 가져가요."

요조 씨에게서는 종종 아이와 노인의 시선이 동시에 느껴져요. 호기심 많은 아이와 세상을 겹겹이 살아 본 노인.

"그 표현 되게 재미있는데요(웃음)? 평소에 그런 말을 많이 들어요. 인생 다 산 사람 같다고."

언제부터 그런 시각을 가진 것 같아요?

"오랜 친구들에 따르면 동생 사고 이후에 많이 바뀌었다고 해요. 그때부터 인생 다 산 사람의 아우라가 나오지 않았을까 싶어요."

2007년 8월 13일, 서울 동대문구 청량리역 민자 역사 신축 공사장에서 굴착 크레인이 넘어지는 사고가 발생해 두 명이 숨졌다. 그중 한 명이 당시 고3이었던, 요조의 여덟 살 아래 여동생이었다. 그날 이후로 요조는 삶의 많은 부분이 바뀌었다고 한다. 그는 한 강연에서 "눈알을 새로 갈아 끼운 듯 세상이 달라 보였다"고 말했다.

주변인들의 자는 얼굴을 보면서 죽음을 떠올리던데요, 일상에서 죽음을 기억하면서 생의 본질을 의식하는 '메멘토 모리'를 하게 된 것도 그즈음인가 봅니다.

"동생의 죽음 이후 죽음을 일상적으로 생각하게 됐어요. 그래

"
누구든지 각자 빛나는 부분이 있어요.
아주 사소한 부분이라도.
그걸 발견하게 되면
'난 너의 이런 부분이 너무 빛나서 좋아.
이걸 좀 흉내 내고 싶어'라고 알려 주고, 실제로 따라 해요.
그렇게 사는 게 굉장히 재밌더라고요.
"

서 주변 사람들을 난처하게 할 때도 있고요. 한국에서는 특히 죽음이라는 말을 조심스러워하고 터부시하잖아요. 그런데 저는 노상 죽음에 대해 생각하다 보니 툭툭 튀어나와요. 가령 '너의 눈이 너무 예뻐서 네가 죽으면 눈알을 보관하고 싶어' 하기도 하고요. 좀 그로테스크하기도 하죠? 저와 상대방에게 있어 죽음의 개념이 서로 다르게 받아들여질 때가 많아요."

시간이 상실의 슬픔과 아픔을 좀 담담하게 만들어 주던가요?

"음……, 네. 적어도 겉으로는요. 그게 좋더라고요. 담담하게 되는 게. 원래 눈물이 많아서 그 이야기(동생)를 할 때마다 너무 많이 울었어요. 그래서 불만이었던 게, 동생의 죽음이 초점이 되어야 하는데, 제가 울어 버려서 초점이 저에게 오는 게 너무 싫었어요. 어떻게 하면 안 울 수 있을까를 계속 생각했죠. 그런데 시간이 진짜 많이 도와줬어요. 지금 이렇게 이야기할 수 있잖아요. 옛날엔 못 했어요. 울 것 같아서 애초에 이야기를 꺼내려 하지도 않았고요. 그 슬픔을, 상실을 주인공으로 두고, 저는 옆에서 이야기하는 게 점점 가능해지는 게 좋아요. 혼자 있을 때나 혼자 밥 먹을 때 뭐라고 설명하기 어려운, 갑자기 명치 한 대 퍽, 맞은 것 같은 짧고 강렬한 슬픔이 계속 와요."

요즘도요?

"그런 슬픔은 계속 있을 것 같아요. 그럴 땐 혼자 조용히 아파하고, 슬퍼해요. 남에게 이야기하면서 우는 것보다 좋은 것 같아요. 그래서 시간을 믿게 됐어요. 살면서 겪는 속상한 일이나 고통스러운 일이 얼마나 많습니까. 그럴 때 '아, 이건 시간이 해결해 줄 거야' 하는 믿음이 저를 견디게 해요."

요조 씨를 바라보면 늘 자기만의 깊은 질문을 품은 사람 같아 보여요. 요즘에는 어떤 화두를 품고 있어요?

"어……. (10초 넘게 생각) 내가 해 오던 일을 어떻게 하면 더 잘 할 수 있을까에 대한 고민을 많이 해요. 대단할 것 없는 고민이긴 한데, 제 자신에겐 그게 중요하고 무섭더라고요."

잘한다는 건 어떤 경지일까요?

"스스로 만족스러운 상태. 흉내 내기와 경청도 그런 시도 중 하나이고, 루틴에 더 성실하려 하는 것도 더 잘하기 위해서예요."

요조 씨는 웅숭깊은 사색을 바탕으로 배려의 언어를 구사하는 사람이에요. 답변 하나하나를 하면서도 이 말과 관련된 맥락을 두루 살피면서 말하는 것이 느껴집니다. 그 누구에도 상처 주지 않으려고 애쓰는 마음이 전해지는데요. 이 시각은 인간을 넘어 이 땅에 서식하는 모든 생명에게로 확산하는 것 같더군요. 환경 보호를 위해 이어 오는 크고 작은 실천이 많은 걸로 알아요.

"(웃을락 말락 눈빛을 거두고 진지하게) 일단 고기를 먹지 않는 식생활을 지향합니다. 또 소비를 할 때 가능한 한 돈을 잘 쓰고 싶다는 생각을 해요. 필요한 건 거의 중고 마켓에서 사고, 옷도 빈티지 숍에서 구입합니다. 또 매일 기후 변화와 관련된 뉴스를 찾아봐요. 인스타그램 같은 SNS에서도 그런 계정을 많이 팔로우합니다. 책방에서는 천 가방을 기증받아서 사용했고요."

채식주의자가 된 계기가 있나요?

"책의 영향이 커요. 배수아 작가님의 소설집 『훌』의 「회색 時」라는 작품이 인상적이었어요. 사람이 태어나서 살다 보면 어쩔 수 없이 죄의식을 갖게 된다면서 채식주의 이야기를 해요. 이 책을 읽는 동안 육식을 하면서 갖게 되는 죄의식을 진지하게 생각했고요. 하재영 작가님의 『아무도 미워하지 않는 개의 죽음』도 영향을 줬어요. 또 에코 페미니즘이나 생태에 관한 책들을 읽으면서 이 부분이 계속 건드려졌고요. 그러다 김한민 작가님의 『아무튼, 비건』을 읽으면서는 '더 이상 안 되겠다' 하고 실천으로 이어지게 됐죠."

요조 씨가 환경과 지구를 위하는 방식은 '나는 실천하되, 타인에게 강요하지는 않는다' 같아요. 그런데 역설적이게도 강요하지 않아서 오히려 따라 하고 싶게 만드는 묘하고도 강력한 힘이 있어요.

"동참하려 노력하는 친구들이 생기고 저 때문에 (환경에) 관심 갖게 됐다는 분들도 계셔서 감사하죠. 자기 신념을 남에게 강요하지 않는 것도 굉장히 중요하지만, 강력한 신념을 주장하는 것도 중요한 것 같아요. 왜냐하면 웬만한 강력한 신념이 아니어서는 세상이 잘 바뀌지 않는 것 같거든요. 여성의 참정권이 생기기까지의 과정은 과격했고, 결코 젠틀하지 않았잖아요. 장애 등급제, 부양 의무제 개선 운동 등도 굉장히 과격해요. 버스 앞에 눕고, 지하철 정류장마다 내렸다가 다시 타면서 정체를 유발하고. 그런데 그렇게 하지 않으면 바뀌지 않기 때문에 그렇게 하는 측면도 있거든요. 남에게 강요하지 않는 것도 중요하지만, 강력한 신념을 주장하고 소위 죄책감과 불편함을 유발하는 강력한 행동도 때로는 필요한 것 같아요."

사회적 약자를 위한 크고 작은 실천을 하다 보면 당위성이 느껴져서 더 강력하게 주장하고 싶을 텐데요. 그 마음을 누르고 삭이면서 일부러 조심스럽게 메시지를 던지는 건가요?

"그렇죠. 노력하죠. 거부감이 안 들도록. 기본적으로 고기를 먹는 사람들의 잘못은 없다고 생각해요. 어릴 때부터 자연스럽게 이 동물들이 어떻게 사육당하는지 전혀 모르는 상태에서 엄마가 몸에 좋으니 먹어라, 해서 길들여진 거잖아요. 그것을 바꾸는 건 쉬운 일이 아니고, 또 고기 먹는 걸 탓하는 것도 잘못됐다고 생각해요. 일단 저부터 고기를 좋아하는 사람이라 뭐라고 할 수가 없는데요. 최대한 거부감 없이 메시지를 전달하고 싶어요. 예를 들어 어떤 분이 선의를 베푼 분에게 '너무 감사해서 치킨이라도 쏴야 할 것 같아요' 하면 제가 '연세도 있으신데 치킨보다 홍삼이 어떨까요?' 하는 식으로 완곡하게 표현하려 해요."

그의 답변을 들으면서 나는 10여 년 전에 겪은 사건이 떠올랐다. 한겨울 회사 앞 대형 서점. 책을 펼쳐 보고 있는데 한 사람이 갑자기 다가오더니 다짜고짜 소리쳤다. "저기요, 동물들한테 부끄럽지 않으세요? 이 아이들한테 사과하세요. 그렇게 살지 마세요." 순간 당황했다. 내가 무슨 잘못을 한 거지? 싶어 어정쩡하게 서 있는 사이 깨달았다. '아, 이 담비 털목도리를 보고 화가 난 것이구나.'

원래 그 목도리의 주인공은 외할머니였다. 옷을 좋아하시던 외할머니가 아끼고 아끼다 엄마한테 물려주셨고, 내가 결혼하면서 엄마가 다시 나에게 물려주신 것이었다. 그러니까 이 담비털목도리의 나이는 50세도 넘었다. 이런 맥락을 알 리 없는 그는, 아니 알려고도 하지 않은 그 '정죄자'의 목소리는 커도 너무 컸다. 주위 사람들이 다 우리를 쳐다보았고, 나는 속절없이 '동물 털목도리를 죄책감 없이 두르고 다니는 무개념 인간'이 되고 말았다. 말

싸움을 좋아하지 않는 나는 우물쭈물하다가 그냥 그 자리를 조용히 떴다. 그 이후 자신의 윤리적 우월성을 내세우며 고기를 먹는 타인, 동물 털을 소비하는 타인을 향해 무조건적으로 비난하는 사람들을 보면 마음이 불편해진다(물론 활동가들의 목소리도 필요하다는 데에는 공감한다).

비거니즘 활동가들이 도덕적 우월성을 내세워 맥락 없이 비난하는 상황 때문에 크게 당황한 적이 있어요(위 에피소드를 들려주었다).

"아무리 옳은 말을 해도 가르치려 하거나 정죄하려 하면 흡수되지 않는 것 같아요. 과격한 운동을 긍정하고 의미 있다고 생각하지만 어느 쪽이든 영리하게 접근할 필요가 있는 것 같아요. 누군가의 마음을 움직인다는 건 굉장히 어려운 일이기 때문에 과격하든 과격하지 않든 '네가 나쁘다' 식은 절대 안 된다고 생각해요. 과격해도 존중하는 마음으로 과격해야죠. 사람에 대한 비난이 아닌 시스템에 대한 공격성을 가지고 과격해야지, '너 못됐어, 잘못됐어' 식으로 사람을 향해서는 안 된다고 생각해요."

채식주의자로서 몸과 마음에 찾아온 변화가 있던가요?

"제가 잘 챙겨 먹는 스타일이 아니라서 드라마틱하게 신체의 변화가 찾아온 건 아닌데요. 채식주의자가 된 지 얼마 되지 않아 고질적인 방광염이 나았어요."

"
아무리 옳은 말을 해도 가르치려 하거나
정죄하려 하면 흡수되지 않는 것 같아요.
과격한 운동을 긍정하고 의미 있다고 생각하지만
어느 쪽이든 영리하게 접근할 필요가 있는 것 같아요.
누군가의 마음을 움직인다는 건
굉장히 어려운 일이기 때문에 과격하든 과격하지 않든
'네가 나쁘다' 식은 절대 안 된다고 생각해요.
과격해도 존중하는 마음으로 과격해야죠.
사람에 대한 비난이 아닌
시스템에 대한 공격성을 가지고 과격해야지,
'너 못됐어, 잘못 됐어' 식으로
사람을 향해서는 안 된다고 생각해요.
"

심적으로는요?

"(활짝 웃으며) 동물을 죄책감 없이 귀여워할 수 있어서 좋아요. 예전에는 유튜브에 있는 소, 닭, 돼지, 오리의 귀여운 영상을 보면서 내가 먹는 애들인데 '아, 귀엽다' 하는 게 이율배반적으로 여겨졌어요. 지금은 정정당당하게 귀여워할 수 있어서 홀가분하고 상쾌해요. 또 하나는, 채식을 하면서 동물의 생명을 진지하게 생각하다 보니 거기에서 오는 감수성의 지경이 넓어져서 좋고, 다행이라고 생각해요."

감수성의 지경이 넓어지는 차원이라.

"우리는 책이나 영화를 보면서 타인을 이해하잖아요. 그런 느낌이 동물로 확장되는 거예요. 얼마 전엔 페이스북 친구 한 분이 '강아지가 너무 배가 고파서 난장판을 만들어 놓았다'는 내용과 함께 천 조각을 물고 있는 강아지 사진을 올렸어요. 댓글들이 대부분 인간 중심적이었죠. '집 청소하기 힘들겠다, 개가 지랄견이구나' 식으로. 그런데 저는 딱, 든 생각이 '저 개가 얼마나 배가 고팠을까'였거든요. 인간도 힘들겠지만, 간식만 주면 뭐든지 하는 개 입장에서 배고픔이 얼마나 컸겠습니까."

감정 이입의 대상이 동물로 확장되면 공감의 반경이 어마어마하게 넓어질 것 같아요.

"동물을 이해하게 되면, 그 마음이 다시 인간으로 돌아왔을 때도 좋아요. 아이의 마음도, 노인의 마음도 이해하게 되고, 이해심이 넓어지더라고요. 아이가 알아들을 수 없는 소리를 내면서 행패를 부리면, 어른 마음으로 짜증이 나면서 '아이 보호자가 바깥으로 데리고 나갔으면' 하잖아요. 그런데 요즘은 '저 아이가 왜 짜증이 났을까'라는 생각도 할 줄 알게 됐다는 게 저 스스로 큰 발전이에요."

요조 씨 개인에게만 해당되는 깨달음일까요, 아니면 비건을 지향하는 분들의 공통점일까요?

"저뿐 아니라 동물의 존엄, 약자의 존엄을 생각할 줄 아는 사람들은 기본적으로 이해심이 넓은 것 같아요. 제 친구만 해도 엄마가 된 후 세상을 보는 시야가 달라졌다고 하는데, 다른 나라에서 고통받는 사람들의 뉴스를 접하면 자기 일처럼 마음이 아프다고 해요. 동물이 됐든, 자신의 아이가 됐든, 다른 생명을 진지하게 생각했을 때 일어나는 일들 같아요. 그런 측면에서 채식을 하게 된 게 저에겐 큰 의의가 있어요."

요조 씨가 바라는 궁극의 세상은 어떤 세상인가요?

"(한참 생각하다가) 그냥 자기가 자기로 살아가는 게 전혀 이상하게 보이지 않는 세상이요. 변희수 하사(성 전환 사실이 알려져

강제 전역 당하면서 스스로 목숨을 끊었다) 사건을 보면서 많은 생각이 들었어요. 내가 나로 받아들여지지 않는 절망 때문에 생명을 포기한다는 게 있을 수 있는 일인가 싶고요. 너무 안타깝고 속이 많이 상해요. 기본적으로 내가 사회에 어떤 피해도 주지 않으면서 내가 나로 살아가는 것에 대해 종교의 이름으로, 관습의 이름으로, 상식의 이름으로 '너 그렇게 살지 마' 식으로 공격하고 정죄하지 않는 사회가 되면 좋겠어요."

━━━•●•━━━

나는 그의 눈을 보면 울고 싶어진다. 그토록 투명하고 아름다우면서 슬픈 눈동자를 본 적이 없다. 신기하게도 그 동그란 눈동자에 온 세상이 다 녹아 있는 것 같은 광활함을 느낀다. 세상을 몇 겹으로 살아 낸 자의 응축된 농익음. 그 마음으로 만들어 낸 삶의 작은 루틴들은 거룩하다고 할 만큼 올바르다. 그 올바름이 더 빛나는 건 자신이 옳다고 판단한 시각으로 함부로 타인을 재단하거나 정죄하지 않기 때문이다.

언젠가 요조와 맥줏집에 갔을 때의 일이다. 지인들이 요조를 위한 '배려의 안주'를 시키려 했으나 그는 한사코 거절하면서 '진짜 진짜 떡볶이면 충분하다'고 했다. 우리는 그의 비거니즘 철학을 알기에 맘 편히 시켰다. 햄이 듬뿍 올라간 피자, 후라이드 치킨을 포함해서. 그는 뻘건 떡볶이 안주를 맛나게 먹었고, 햄과 치킨에는 눈길을 주지 않으면서 즐거운 대화를 나눴다. 그런데 자리를 파하는 순간 이렇게 묻는 게 아닌가. "이 치킨, 제가 싸 가도 되나요?" 그는 손대지 않은 치킨 한 조각, 그리고 누군가 잘라 먹은 치킨 반 조각을 가리켰다. "동물들 주려고요?" 내가 물었다. "아니요. 제가 먹으려고요. 남은 치킨을 먹는 건 괜찮을 것 같아서요."

'괜찮을 것 같다.' 이 밋밋한 답변에 담긴 그의 마음을 헤아려본다. '남은 치킨을 먹으면 죄책감이 없을 것 같다'는 말도, '먹고 싶었지만 참았다'는 말도 아니었다. 그저 '괜찮을 것 같다'는 답변에는 치킨을 와구와구 먹은 친구들, 음식을 남기고 가려는 친구들을 불편하지 않게 배려하면서도 자신이 실천할 수 있는 환경 사랑에 대한 굳은 의지가 담겨 있었다.

요조는 느릿느릿 말한다. 한 단어와 문장을 둘러싼 다양한 맥락을 두루 배려하면서 언어를 꺼내 오느라 그만큼 시간이 걸린다. 그와 인터뷰를 하면서 신박한 경험을 했다. 대부분의 인터뷰이들은 연역식으로 답하지만 그는 귀납식으로 말하는 경우가 많다. 다시 말해 대부분의 사람들은 (교과서나 입사 면접 코칭에서 배웠듯) 결론을 먼저 꺼내고 그에 따른 근거를 조목조목 말하지만 그는 정반대다. 질문을 던지면 뜸을 들이면서 조심스럽게 한 계단 한 계단 내려간다. 마치 피라미드의 꼭대기에서 넓고 깊은 바닥으로 내려가듯이. 계단 아래로 내려갈수록 그의 진가가 드러난다. 앞단에서는 상상도 못할 심연의 언어를 건져 올리고야 만다. 방대한 독서와 사색을 갖춘 그의 언어는 아직 쓰여지지 않은 시처럼 새롭고 깊다. 그래서 그를 보면 자꾸 말을 걸고 싶어진다. '저 안에 분명 뭔가가 더 있어. 엄청난 게 숨겨져 있는데, 그게 뭘까?' 보물찾기의 마음이다.

그와 친구가 된 이후 나는 처음 보고 느끼고 알게 되는 것들이 많다. 그는 나를 '귀엽다'고 말해 준 (부모님 이후) 최초이자 유일한 사람이다. 그는 나에게 툭하면 귀엽다고 한다. 이제까지 나는 귀여움과 거리가 먼 수식어를 들어왔다. 진지하다, 조숙하다, 노잼이다, 우아하다……. '귀엽다'와 유사도가 가장 높은 수식어는 '은근히 웃기다' 정도? 그런데 요조가 나에게 '귀여워요', '민희 님의 귀여움을 당해 낼 재간이 있나요' 하면 진짜 내가 귀여운 사람이 된 것 같은 착각이 든다. 그리고 신기하게도 언젠가부터 '나도 귀여운 사람일 수 있다'는 확신을 갖게 되었다.

요조는 귀여움 발견의 달인이다. 그는 수시로 귀여움의 순간을 자신의 SNS에 올린다. 지나가다 발견한 간판, 아무렇게나 놓인 깨진 화분, 무심한 고양이의 몸짓, 손글씨로 쓴 안내문 등. 그가 사진을 올리고 '오늘의 귀여움'이라고 이름 붙이면, 그 별것 아닌 풍경들이 귀여움으로 격상된다. 희로애락을 넘어서 관조와 여유를 가질 때에야 비로소 보이는 정지 화면이자, '지금 여기'를 사는 사람만이 발견할 수 있는 사소한 순간의 미학! 요조가 작고 하찮고 별것 아닌 것(처럼 보이는 것)에 확대경을 들여대면, 그만의 프레임을 통해 '귀여움 월드'가 열린다. 그가 만들어 가는 귀여움 월드는 작고 앙증맞은 것을 포함한 모든 존재가 귀하고 쓸모 있으며, 가치 있다고 말해 준다.

요조가 꿈꾸는 세상을 향해 시선을 따라 옮겨 본다. 몸과 마음이 덜 아프고, 더 건강하며, 덜 미워하고, 더 사랑하는 이들의 세상. 또 약자와 소수의 목소리가 더 커진 세상, 다르다는 이유로 함부로 타인을 정죄하지 않는 세상이 그곳에 놓여 있다.

"
기본적으로 내가 사회에
어떤 피해도 주지 않으면서
내가 나로 살아가는 것에 대해
종교의 이름으로, 관습의 이름으로, 상식의 이름으로
'너 그렇게 살지 마' 식으로
공격하고 정죄하지 않는 사회가 되면 좋겠어요.
"

삶을 뒤흔든 열두 번의 만남

10

interviewee
최인철

keyword
행복

sentence
"행복은 보통주의자의 얼굴을 하고 있다"

최인철

서울대학교 심리학과 교수이자 행복연구센터 센터장. 미시간대학교에서 사회 심리학 박사 학위를 받고 미국 일리노이대학교 심리학과 교수를 역임했다. 행복의 인식에 대한 저변 확대에 매진한 공을 인정받아 2017년 제8회 홍진기 창조인상을 받았다. 『프레임』,『굿 라이프』,『아주 보통의 행복』등을 썼다.

'행복'은 긍정적 감정을 아우르는 궁극의 감각이다. 즐겁거나 신날 때, 감동이나 카타르시스를 느낄 때, 맛있는 것을 먹을 때나 기분 좋은 향기를 맡았을 때, 혹은 승리감에 들뜨거나 원하는 것을 성취했을 때 우리는 이렇게 말한다. "나 행복해." 그리고 상대방이 잘 되길 바라는 마음을 전할 때에는 이렇게 말한다. "행복하세요~." 결과가 좋지 않아도 타격을 입지 않았다면 "너만 행복하면 돼"라는 한마디로 위로와 응원을 동시에 전한다. 행복은 얼마나 유용한 말인가. 행복보다 더 큰 긍정적인 감정을 발견하지 못했다. "행복해? 그럼 됐어"처럼 행복은 삶의 모든 가치와 감정, 소망과 지향점을 담은 최종의 언어다.

하지만 정작 '행복이 무엇인가요?'라는 질문을 받으면 주저하게 된다. 당신의 행복과 나의 행복은 얼마나 다른가. 당신이 추구하거나 느끼는 행복감과 나의 그것은 얼마나 다른가. 또 세상이 바라보는 객관적인 행복과 나라는 개별적 자아가 느끼는 주관적 행복은 얼마나 멀리 떨어져 있는가.

행복만큼 스펙트럼이 넓은 말도 드물다. 행복은 명사다. 국어 사전에는 '생활에 충분한 만족과 기쁨을 느끼어 흐뭇함, 혹은 그런 상태'라고 말한다. 말하자면 한순간의 감정이나 느낌인데, 우리가 사용하는 행복이라는 개념은 광범위하기 그지없다.

최인철 서울대 심리학과 교수는 2010년 행복연구센터를 열었다. 센터는 크고 작은 성과를 꾸준히 내고 있다. 일선 중학교를 중심으로 '행복 교과서'를 보급하고, 교사들이 학교에서 행복학을 가르칠 수 있도록 돕는 '대한민국 행복 교육 프로젝트'를 이어 오는가 하면, 2017년부터 카카오 같이가치 팀과 함께 한국인의 행복을 실시간으로 측정한다. 세계 최초, 최대 규모의 '대국민 실시간 행복 연구'인 셈이다. 이 결과를 종합해 매해 『대한민국 행복지도』로 펴내고 있다. 행복연구센터는 무엇보다 한국형 행복, 그리고 지금 이 시대의 행복에 대해 말한다. 행복의 얼굴 역시 시대와 환경에 따라 달라진다는 얘기다.

최인철 교수가 진행하는 행복에 대한 개념들이 나에겐 파랑새처럼 다가왔다. '행복학'의 실체가 과연 있기나 할까. 행복에 대해 더 많이 알게 되면 우리는 더 행복해질 수 있는 것일까. 좇을수록 멀리 달아나지만 마음을 비우면 가까이에서 보이는 파랑새처럼, 파고들수록 행복이 도망가 버리는 게 아닐까 하는 의구심을 떨치기 힘들었다. 행복을 연구하는 센터라니(행복연구센터), 행복에 교과서가 존재할 수 있을까(행복 교과서)? 행복을 점, 선, 면으로 그려 내는 게 가능하다고(행복 지도)? 이런 불온한 생각을 품고 서울대학교에 있는 행복연구센터의 문을 두드렸다.

행복연구센터의 문을 여는 순간, '와~' 하고 나지막이 탄성이 흘러나왔다. 행복한 느낌을 공간으로 풀어 내면 이런 분위기인가 싶었다. 나무의 상처라고 하는 옹이가 그대로 노출되는 부드러운 우드톤의 인테리어에서 편안함과 따스함이 전해졌다. 센터 내부를 둘러보다 책꽂이 한편에 놓인 액자 사진에 눈길이 머물렀다.

교수님의 30대 사진이군요. 지금과 인상이 완전히 딴판인 걸요? 차갑고 예리해 보여요.

"가까운 사람들한테 그런 얘기를 많이 듣습니다. 서른세 살에 서울대에 왔어요. 젊은 편이었죠. 열심히 연구해서 좋은 논문을 써야 한다는 압박감에 늘 긴장 상태로 산 것 같습니다. 다가가기 어려운 인상이라는 말을 많이 들었어요. 그런데 행복을 오래 연구해서 그런 건지, 나이가 들어서 그런 건지, 인상이 부드러워졌다고들 하네요. 또 하나, 사람들이 자꾸 물어봐요. '교수님 행복하세요?'라고. 그런 질문을 받을 때마다 막 살면 안 되겠다는 생각을 하게 됩니다(웃음)."

실제로도 더 행복해졌나요?

"나이 들수록 편안해지는 걸 느껴요. 우리 센터에서 진행한 조사 결과도 그렇습니다. 46개의 변수를 나이에 따라 분석해 봤어요. 나이 들수록 대부분의 변수가 좋아지더군요. 자존감, 낙관성, 감사, 관대 등이 다 좋아졌어요. 남과 비교는 덜 하고, 물질주의를 지향하는 가치관도 약해집니다."

『대한민국 행복지도』에서 나이 관련 데이터를 흥미 있게 봤어요. 20~30대에 행복도가 가장 낮다가 점점 높아져서 60대 이상에서 최고치가 되더군요.

"여러 가지 이유가 있겠지만, 가장 중요한 건 죽음을 의식하기 때문이에요. 점점 인생의 끝이 보이니까 남아 있는 시간이 얼마 없다는 생각에서 마음가짐을 바꾸게 되죠. 여행지에서도 그렇잖아요. 여행 마지막 날이면 최대한 재미있게 보내자고 하죠. 싸우지 말고 사이좋게 지내면서. 죽음을 인식하면 목표가 바뀝니다. 더 이루기 위해 목표를 확장하는 삶에서 점점 내 마음을 즐겁게 유지할 수 있는 쪽으로 심리가 바뀌어요. 죽음은 피할 수 없지만, 죽음을 대하는 마음은 내가 컨트롤할 수 있으니까요."

"죽음은 최고의 발명품"이라는 스티브 잡스의 말이 떠오릅니다.

"그렇죠. 죽음은 인류에게 주어진 최고의 선물이에요. 나이 들수록 신체 기능이 안 좋아지고 죽음에 가까워지는데, 사람들에게 젊은 시절로 돌아가겠냐고 물으면 대부분 안 가겠다고 해요. 편집장님은 어떠세요?"

저도 지금이 더 좋습니다.
"역시 그러시군요. 그건 마음의 변수들이 다 좋아지고 있기 때문일 거예요."

그렇다면 이상하네요. 젊은 사람들은 왜 노인을 별로 안 좋아할까요? 나이 들수록 낙관적이고 긍정적이고 관대해진다면 그런 면을 갖춘 사람을 좋아하는 게 맞잖아요.
"저 역시 궁금해서 이 부분을 파고들어 봤습니다. 그건 나이 들수록 보수적인 태도가 증가하는 이유가 커요. 인간이라면 이래야 한다는 규범적 사고가 강해지죠. 가족과 잘 지내야 한다, 잘못하면 벌을 받아야 한다는 식의 사고. 이런 것들이 젊은 사람이 보기에는 답답하고, 강제한다고 여겨질 거예요."

가장 궁금한 질문이에요. 행복을 공부하면 우리는 더 행복해질 수 있나요?
"안 배운다고 덜 행복한 건 아니에요. 다만 행복이란 무엇인지, 어떻게 살아야 행복한 삶인지 진지하게 들여다보는 과정은 그 자체로 충분히 의미가 있습니다. 내 삶에 대해 적극적으로 생각할 수 있는 계기가 되죠. 건강과 몸에 대해 공부하는 것과 같은 이치예요. 몸에 대해 안다고 바로 건강해지는 것은 아니지만, 몸에 대해 공부하지 않으면 건강하지 않은 삶을 살 확률이 높아지죠. 인류가 몸에 대해 공부한 결과물을 공유하면서 많이 건강해졌고, 그 결과물이 삶의 지혜로 남아 있잖아요. 행복도 마찬가지예요. 마음을 배우지 않으면 해가 되는 생각이나 행동을 할 수 있죠. 어떤 생각이 행복에 도움이 되는지 공부하고 연구하면, 그 결과가 쌓여서 개인뿐 아니라 사회가 공유하는 지식이 됩니다."

그렇다면 교수님은 어떤가요. 행복을 공부할수록 행복의 실체에 가까워지던가요?

"행복이 생각보다 훨씬 단순하다는 걸 알게 됐어요. 보통 많이 알면 복잡해서 길을 잃지 않을까 싶은데, 그렇지 않아요. 행복을 들여다볼수록 오히려 길이 선명하게 보였습니다. 드라마 같은 행복, 예외적인 행복, 미스터리한 행복의 비법을 바라지만, 그런 건 없더군요. 진정한 행복은 아주 보통의 얼굴을 하고 있어요. 행복의 평범성이죠. 행복은 내 삶을 사랑하는 정도, 딱 그 정도입니다."

자신을 대단한 존재라고 믿는 과대망상은 행복의 걸림돌일 수 있겠군요.

"자신이 보통의 존재라는 사실을 깨닫는데 걸리는 시간은 그

> 드라마 같은 행복, 예외적인 행복,
> 미스터리한 행복의 비법을 바라지만,
> 그런 건 없더군요.
> 진정한 행복은 아주 보통의 얼굴을 하고 있어요.
> 행복의 평범성이죠.
> 행복은 내 삶을 사랑하는 정도, 딱 그 정도입니다.

사람의 지능에 비례하는 것 같아요. 저는 제가 너무 늦지 않게 보통주의자가 될 수 있어서 다행이라는 생각이 듭니다. 심리학 공부 덕분에 가능했어요."

『대한민국 행복지도』를 매년 내고 있지요. 행복을 잘 느끼는 사람들의 공통점이 있나요?

"행복지도를 들여다보면서 발견해 낸 행복한 사람들의 다섯 가지 특징이 있어요. 첫째, 자신의 사회적 위치가 높다는 긍정적인 생각을 합니다. 이건 객관적인 사실이 아니라 주관적인 인식이에요. 둘째, 일상을 바쁘게 살면서도 마음으로는 여유를 느낍니다. 셋째, 최고의 선택만을 고집하지 않고, 적당한 선에서 만족할 줄 알아요. 극대화자maximizers가 아니라 만족자satisficers들이죠. 넷째, 타인에 대한 의심을 갖고 살지 않았고, 다섯째, 행복은 운명이라는 수동적인 생각보다 자신의 노력으로 행복을 경험할 수 있다는 신념을 지니고 있었습니다."

행복에 대한 개념이 시대에 따라 달라지고 있다는 부분도 흥미로웠습니다.

"우리가 가진 행복에 대한 오해는 '행복'이라는 단어에서 비롯돼요. 행복에 대한 정의를 보면 30개국 중 24개국에서 '운 좋게 찾아오는 사건이나 조건'으로 일차적 정의를 내립니다. 옛날에는 자연재해와 질병, 권력자의 횡포를 예측하고 통제할 수 없었잖아요. 그렇게 고통과 질병이 다반사인 세상에서 행복이란 우연히 예외적으로 찾아오는 자연의 축복과 건강, 권력자의 자애일 수밖에 없었어요. 하지만 과학이 발전하면서 자연재해를 예측할 수 있게 되고, 심지어 인간이 개입해서 통제도 가능해졌습니다. 그러면서 행복이 적극적으로 추구하는 개념으로 바뀌게 된 거죠. 과거의 행복은 하버드대 대니얼 길버트 교수가 쓴 『행복에 걸려 비틀거리다 Stumbling on happiness』 같은 개념이었다면, 지금은 학위를 따듯 노력해서 얻는 목표처럼 관점이 변화했어요."

행복은 찾아오는 게 아니라 찾는 것이다?

"그렇게 바뀌어 가는 거죠. 이런 관점이 무조건 좋은 것만은 아니에요. 과거 행복의 개념으로 보자면 저절로 찾아오는 소소한 행복이 많았어요. 날씨가 좋고, 노을이 예쁘고, 오늘 이렇게 인터뷰 시간을 통해 깨달음이 있었다면 '찾아온 행복'이죠. 그런데 요즘 사람들은 이런 행복을 많이 놓쳐요. 우연히 찾아온 행복을 충분히 느끼기보다 추구하는 행복을 찾아 나섭니다. 빨리 집에 가서 단어 하나라도 외워야지, 커뮤니티 활동을 통해 뭔가를 얻어야지, 하는 식으로. 그래서 중요한 건 '균형'입니다. 행복을 열심히 추구하는 것도 중요하지만 우연히 찾아오는 행복을 충분히 만끽하기 위해 잠시 멈추는 것도 필요해요."

교수님은 행복을 스펙트럼으로 바라보시죠. 다시 말해 1,000명이 있으면 1,000개의 행복에 대한 정의가 있다고 했는데요. 행복의 본질이 과연 그런 것인지, 아니면 우리가 추구해야 할 행복에 대한 당위인지 궁금합니다.

"아리스토텔레스는 행복을 당위의 개념으로 받아들였어요. 다시 말해 '덕德'의 개념으로 설파했죠. 덕이란 있으면 좋고 없어도 괜찮은 개념이 아니라, 인간이라면 마땅히 추구해야 할 덕목이에요. 그런 것을 추구하는 상태를 행복으로 설명했어요. 다만 '행복happiness'이라는 말 대신에 '유다이모니아eudaimonia'라는 단어를 썼어요. 아리스토텔레스처럼 행복을 당위의 개념으로 볼 것인지, 아니면 대부분의 심리학자처럼 누군가의 요구나 제약, 구속 없이 내 안에서 자연스럽게 느끼는 것으로 볼 것인지는 여전히 논쟁거리입니다. 둘 다 포함한 개념으로 여길 수도 있겠죠. 아리스토텔레스에 가까운 행복관을 가진 사람이라면 이렇게 커피 마시고 케이크를 먹으면 기분은 좋지만, 그 돈으로 굶고 있는 사람들에게 기부하는 게 낫다고 볼 거예요."

놀라운데요? 복잡계 사회로 갈수록, 문명화 시대로 갈수록 개인의 탄생과 함께 행복의 개념이 더 넓어질 거라고 예상했어요. 그런데 여전히 아리스토텔레스의 행복론이 설득력을 가지고 통용되다니요.

"확실히 개인의 시대가 오면서 행복에 주관성이 강해진 건 사실입니다. 우리 부모님 세대만 해도 개인의 주관이 중요하지 않았어요. 주관이 강해지면서 개인의 행복이 중요해졌죠. 과거에도 넓은 개념의 행복이 있었지만, 그때는 소수의 학자들만 행복에 대해 논의할 뿐 일반인은 참여할 기회가 없었어요. 지금은 달라졌죠. 저 같은 사람이 미디어에서 행복에 대해 이야기하면 누구나 댓글에 '쓸데없는 소리 하고 있네, 나는 이런 게 행복인데'라고 자신의 의견을 펼칠 수 있잖아요. 그런 의미에서 행복만큼 민주적인 게 없어요. 학위도, 교양 수준도, 문화적 지식도 필요 없고 내가 생각하는 행복이 곧 행복의 절대적 정의가 될 수 있으니까요. 우리 각자가 추구하는 행복은 저마다 다르지만, 모두가 행복을 추구하는 건 같습니다."

행복을 잘 느끼는 성격 유형이 따로 있던가요?

"편집장님이 쓰신 책 제목인 '다정한 개인주의자'가 사실 행복에 가장 가까운 사람이 가진 특성이에요. 개인주의적 특성이 있으면서 동시에 집단에 종속되지 않아야 하고, 그러면서 따스한 사람. 나의 행복이자 보편적 행복이 되어야 하거든요. 나의 행복을 추구하자고 타인의 행복을 해쳐서는 안 되겠지요."

그렇다면 행복에 기준점을 두면 삶이 더 행복해질까요? 행복에 집착한다는 건 역설적으로 지금 행복하지 않다는 반증일 수 있을 텐데요.

"양날의 검 같아요. 삶의 모든 요소를 행복해지기 위한 것으로 해석하면 오히려 행복감이 떨어진다는 연구 결과가 있거든요. 반대로 좋은 점도 있습니다. 돈을 쓸 때 가성비를 생각하듯 무언가를 선택할 때 '행복'이라는 기준점을 두는 건 중요해요. 이건 행복에 집착하는 것과는 다릅니다. '어떤 선택을 해야 나와 주변 사람들이 행복할까'의 질문을 품는 겁니다. 삶의 대원칙 같은 거예요. 건강 염려증처럼 행복 염려증이 되면 안 되겠지만, 행동의 기준을 자신과 타인의 행복으로 삼는 삶은 아무리 권장해도 지나치지 않아요."

'행복 염려증'이라는 말, 재밌는데요?
"제가 만든 신조어입니다."

'행복 천재'라는 표현 역시 교수님이 만드셨다고요.
"'행복 천재'라는 표현을 만든 이유가 있어요. 우리나라는 '공부 천재'라는 말을 너무 좋아합니다. 그렇다 보니 부모들은 아이를 공부에 올인시키고, 아이들은 불행해 하죠. 그 과정에서 놓치는 것도 많고요. 공부 천재만큼 행복 천재도 중요하다고 봤어요. 행복 천재라는 말을 좋아해서 만들었다기보다 공부 천재, 재테크 천재처럼 이에 대응하는 개념으로 썼습니다."

행복 천재는 어떤 사람인가요?

"행복에 대한 자기 나름의 기준이 명확한 사람이에요. 자신이 좋아하는 것을 구체적으로 알고 있는 사람들. 행복 천재들의 비밀 병기는 '그냥'이에요. 야구장을 생각해 보세요. 야구장에서는 종종 자아가 사라지는 경험을 하게 됩니다. 공 하나에만 온전히 집중하면서 타인의 시선에서 자유로워지고, 의식은 또렷해지면서 마음이 천천히 움직이죠. 또 행복 천재들은 타인의 삶에 함부로 간섭하지 않아요. 얼핏 보기엔 자기밖에 모르는 사람처럼 보일 수 있지만, 우려와는 달리 그렇지 않습니다. 누구보다 이타적이고 공동체적이에요. 선을 지키는 거죠."

어찌 보면 자기 삶의 이론가들이군요. "인간은 모두 이론가다. 우리는 각자의 이론에 따라 자신의 삶을 살아간다"라는 『굿 라이프』속 문장에 진하게 밑줄을 그었었습니다. 자신만의 이론을 만들려면 어떤 태도가 필요합니까?

"삶에서 자기만의 이론을 만들려면 다양한 사람과 접촉해 봐야 합니다. 다양한 종류의 음식을 많이 먹어 봐야 뭐가 좋고 안 좋은지를 알게 되는 것처럼, 다양한 사람을 만나 봐야 삶의 다양한 양태를 알게 돼요. 그만큼 행복한 삶에 대한 선택지도 넓어지죠. 책이나 영화, 드라마를 통한 간접 체험도 굉장히 좋은 소스가 될 수 있죠. 여행도 중요한 체험입니다. 다른 문화권에 가면 얼마나

> 행복 천재들의 비밀 병기는 '그냥'이에요.
> 또 행복 천재들은 타인의 삶에 함부로 간섭하지 않아요.
> 얼핏 보기엔 자기밖에 모르는 사람처럼 보일 수 있지만,
> 우려와는 달리 그렇지 않습니다.
> 누구보다 이타적이고 공동체적이에요.
> 선을 지키는 거죠.

다양한 선택지가 있는지 알게 되잖아요. 자신에게 선택지가 별로 없다고 느끼면 불행해질 확률이 높습니다. '이렇게 사는 것만이 다가 아니다, 저 나라에 가서 저런 삶을 살 수도 있다'라고 생각하면 훨씬 자유롭고 넓은 시각을 갖게 되죠."

의외예요. 내면의 소리를 들으라고 하는 게 아니라, 타인의 삶을 들여다보라고 하는군요.

"내면의 소리를 듣는 것도 당연히 중요하고 필요합니다. 자신의 진짜 욕망과 가짜 욕망을 구별해 내려면 자기 내면을 들여다봐야 해요. 그런데 진짜 의미는 외부에서 발견할 때가 많아요. 인생에서 정말 중요한 통찰은 외부에서 옵니다."

행복감은 마음의 영역인가요?

"심리학의 '마음 심心' 자 때문에 생기는 오해를 말해야겠군요. 일본에서 '물리physical'에 대응하는 개념으로 '심리psychology'라고 번역을 한 건데, '심'이라고 하니까 내면에 대한 학문으로 받아들이는 경향이 있어요. 심리학은 인간 행동을 주로 연구하거든요. 심리라는 개념에는 물론 마음가짐도 들어가지만, 우리 행동에 가장 큰 영향을 미치는 건 옆에 있는 사람이에요. 누구를 만나는가가 중요하죠. 또 어떤 공간에서, 언제 만나는지도 빼놓을 수 없고요. 좋은 사람을 만나 좋은 공간에서 좋은 시간을 보내야 행복해지는 건 아주 단순한 비결이에요. 하지만 이런 걸 전부 무시하면서 나쁜 환경에서도 마음가짐을 바꾸라고 강조하고, 나쁜 관계를 유지하면서 잘 견뎌 내라고 합니다. 그렇게 접근하면 행복이 너무 어려워지죠. 지금 내가 행복하지 않다면 공간을 바꾸고, 사람을 바꿀 필요가 있어요. 쉬운 길을 두고 너무 어려운 길을 가려 하는 것 같아요."

모든 건 마음가짐에 달렸다는 말은 폐기되어야 할 것 같군요.

"그렇죠. 마음가짐을 아무리 바꾸려 해도 안 되니 자기 비하를 하기 쉬워요. 더 불행한 상태로 몰아갈 확률이 크고요. 보통 우리 선택지에는 마음 바꾸는 것만 있고 공간과 사람을 바꾸는 것은 없는데, 물리적 환경을 바꾸는 것이 불행을 벗어날 수 있는 아주 확실한 처방이에요."

마음가짐과 물리적 환경, 둘 중에서 굳이 우열을 둔다면요?

"저는 환경을 바꾸는 것이 더 중요하다고 봐요. 그런데 우리나라에서는 이 관점이 안 먹혀요. 동양 사상과 맞물리면서 의지의 문제, 태도의 문제로 보는 경향이 강합니다. 바람직한 사회는 내가 굳은 결심을 안 하고 그냥 살아도 행복한 사회잖아요. 환경이 아름답게 잘 보전돼 있고, 범죄가 없고, 학교가 민주적이고, 원하는 시스템이 갖춰져 있으면 행복하겠죠. 외부 환경이 엉망인데 마음만 잘 먹으면 행복할 수 있다고 가르치는 것은 꼭 한국 축구 같아요."

'바람직한 사회는 내가 굳은 결심을 안 하고 그냥 살아도 행복한 사회'라. 지금 이 사회를 살아 내는 개인들이 짠해지는데요? 행복은 사회 시스템과 맞물려 있다는 점에서 최근 교육계가 떠오르기도 합니다.

"아이들 불안 지수가 많이 높아졌어요. 전 세계적으로, 특히 선진국 중심으로 완벽주의가 강해지면서 생긴 현상입니다. 완벽주의의 첫 번째 증상이 불안이거든요. '내가 지금 엄마의 기대대로, 사회 기준에 부합하면서 잘 하고 있나' 식으로 끊임없이 스스로를 검열해요. 불안해질 수밖에요. 사후 상담은 응급 처방은 될 수 있지만, 근본적인 해결 방안은 아니에요."

그렇다면 부모는 무엇을 어떻게 해야 합니까?

"첫째, 인간의 회복 탄력성을 믿으시면 좋겠어요. 아이들은 우리 생각보다 훨씬 탄력적이고 강한 존재입니다. 원하는 대학이나 학과에 못 갔다고 부모의 걱정만큼 불행을 느끼거나 좌절하면서 살지 않아요. 인생의 수많은 우연을 만나면서 새로운 기회를 얻게 되거든요. 아이들에게 내재된 놀라운 능력을 믿으십시오. 둘째, 아이의 인생을 독립적으로 바라보세요. 아이의 인생은 아이 인생이고, 부모의 인생은 부모 인생입니다. 부모로서 지원하고 도울 수 있는 부분은 해 주되, 아이와 나의 인생은 별개라는 인식을 가지면 좋겠습니다. 아이가 성과를 내지 못했다고 부끄러워하지도, 숨기려 하지도 않는 태도도 필요해요."

교수님도 두 아이의 아버지인데요.

"저는 아이들이 자라는 과정에서 두 가지를 강조했습니다. 운동과 긍정적인 마음가짐. 체력이 좋으면 그 에너지가 마음으로 오기 때문에 운동하는 습관을 들이라고 했어요. 공부 습관은 없어도 운동 습관을 잘 들이면 평생 잘 살 수 있어요. 마찬가지로 긍정적인 마음은 인생을 잘 살 수 있게 해 주는 바탕이 됩니다. 다행히 두 아이가 시간이 지날수록 그런 면을 갖추게 된 것 같아요."

삶에 지친 이들에게 흔히 "우리는 행복하기 위해 태어났다"는 위로를 건네곤 합니다. 이 말에 동의하는지요.

"(한참 뜸 들이다) 글쎄요. 질문 자체가 좀 위험해요. '행복' 대신 다른 말을 넣어 보죠. 뭐가 어울릴까요?"

음…… 사랑? 자유?

"우리는 그저 세상에 던져진 존재이지, 꼭 무엇을 위해 태어난 게 아닐 수 있어요. 저 자리에 무슨 말을 넣어도 저항을 느낍니다.

종의 차원이라면 종족 보존을 위해서라는 맥락의 답변이 가능하겠지요. 그렇다면 '사랑'이나 '행복'은 그걸 위한 수단이 될 거예요. 결국 이 문장은 진화론적으로도 안 맞고, 한 개인의 삶으로 봐도 맞지 않아요. 불필요한 논쟁을 낳는 말이라고 생각합니다."

행복과 돈의 상관관계는 어떤가요? 부자는 공감 능력이 떨어지는 경향이 있다는데, 이에 대한 연구 결과도 궁금해요.

"일반화의 위험성을 안고 있다는 걸 전제로 말해 볼게요. 돈이 많으면 물론 좋은 점이 많죠. 다만 돈이 지나치게 많으면 삶에 위험 요소가 생깁니다. 우선 '나 혼자로 충분하다'는 생각을 하게 돼요. 누군가와 함께 일하다가 안 맞으면 '꼭 당신이 아니어도 돼'라고 여기는 경우가 많아요. 사람을 대체 가능한 존재로 보는 거죠."

부자의 덫이군요.

"또 있습니다. 지금 이렇게 커피와 케이크를 먹으면서 느끼는 소소한 행복에 둔감해져요. 기대 수준이 높다 보니 이 정도의 케이크로는 만족이 안 되는 거예요. 돈이 행복에 유리하게 작동하는 건 맞지만, 스스로 경계해야 할 것들도 많습니다."

화제를 바꿔서 교수님이 창업한 '굿라이프랩'에 대해 여쭙니다. 행복

"
우리 행동에 가장 큰 영향을 미치는 건
옆에 있는 사람이에요.
또 어떤 공간에서, 언제 만나는지도 빼놓을 수 없고요.
좋은 사람을 만나 좋은 공간에서 좋은 시간을 보내야
행복해지는 건 아주 단순한 비결이에요.
하지만 이런 걸 전부 무시하면서
나쁜 환경에서도 마음가짐을 바꾸라고 강조하고,
나쁜 관계를 유지하면서 잘 견뎌 내라고 합니다.
그렇게 접근하면 행복이 너무 어려워지죠.
지금 내가 행복하지 않다면 공간을 바꾸고,
사람을 바꿀 필요가 있어요.
"

연구센터에서 감당해야 할 일들이 수두룩한데, 어떤 마음으로 성공 가능성이 희박하다는 교수 창업의 길에 뛰어들었나요.

"하하. 그러니까 말입니다. 기존 연구소에서 하는 행복 교육 프로젝트를 기업이나 개인으로 확대하고 싶은 마음이 컸어요. 행복은 개인뿐 아니라 회사의 퍼포먼스와 밀접합니다. 마치 운동선수가 컨디션 조절에 실패하면 좋은 성과를 못 내는 것처럼, 회사원의 마음 상태는 아웃풋과 직접적인 연관이 있어요. 저는 행복을 '멘탈 컨디션'으로 정의하는데요, 마음의 컨디션이 좋아야 집중이 잘되고, 사람들의 말에 진심으로 관심을 보이고, 이해심과 관용이 커집니다. 반대로 마음 컨디션이 안 좋으면 냉소적으로 되면서 고객과 문제를 일으킬 확률이 커지죠. 일은 일이고, 행복은 행복이라는 도식을 깨야 해요. 행복은 노력의 대상이자 투자 대상이라고 인식해야 하는데, 우리나라는 이 부분에 대한 인식이 낮은 편입니다."

행복이 투자 대상이라는 걸 입증할 만한 사례가 있다면요?

"우리 랩에서 행복 검진 도구 '마음충전소 베터리betterly'를 만들었어요. 삶을 구성하는 요소를 다섯 가지 영역(심리·사회·신체·경제·커리어)으로 나누고 그중 무엇이 많고 적은지를 측정한 후 총평을 해 줍니다. 이 도구를 가지고 임원들과 일대일 면담을 진행한 적이 있어요. 그중 점수도 높으면서 각 영역에서 긍정성이 괜찮은 세 분이 있었는데, 두 분은 연말 인사에서 사장이 됐죠. 마음이 건강한 사람이 회사에서 인정받고 일도 잘합니다."

그런가 하면 연구실에서 어마어마한 프로젝트를 진행하고 있지요? 서울대생 300명을 대상으로 무려 50년에 걸친 '행복 종단 연구'. 그 결과를 보려면 장수해야겠습니다(웃음).

"시작한 지 10년 조금 넘었는데, 대상자들은 막 사회로 진출한 단계입니다. 이 사람들이 중년기를 지나 노년기까지 살아가는 모습을 들여다보려면 많은 시간이 필요하겠죠. 그런데 미리 김을 좀 빼자면, 결과가 되게 평범할 겁니다. 하버드대에서 80년 이상 행복 종단 연구를 하고 있잖아요. 시간도, 돈도 많이 투입했는데, 결과를 보면 대체로 뻔합니다. 행복이라는 게 그래요. 원칙을 지키면서 사느냐의 문제이기 때문에, 행복해지기 위한 드라마틱한 비법 같은 건 안 나올 거예요."

━━━●◦●━━━

인터뷰를 마치고 보니 행복연구센터의 인테리어가 새롭게 보였다. 행복이란 환상적인 핑크빛이나 보랏빛보다 베이지색에 가깝다는 걸 알겠다. 깜짝 놀랄 만한 좋은 일이 팡팡 터지는 기적 같은 순간이라기보다 일상에 스민 기분 좋은 느낌. 아주 보통의 편안한 느낌.

나는 한때 버킷 리스트가 많았다. 마다가스카르 바오밥나무 보기, 캐나다 옐로나이프에서 여름 오로라 보기, 볼리비아 우유니 소금 사막 맨발로 걸어 보기, 스페인 가우디 성당 앞에서 일몰 보기, 칠레 마추픽추에서 반나절 동안 앉았다 오기…….

버킷 리스트는 대체로 나의 결핍과 타인의 욕망이 만나는 지점에서 탄생한다. 나에게 없는 것, 그러나 당장은 충족하지 못하는 것에 대한 아쉬움과 회한이 먼 훗날 이루고픈 욕망을 낳는다. 생존형 직장맘이었던 나의 결핍은 '시간'이었다. 양가가 모두 지방에 있어서 조력자 없이 두 아이를 돌봐야 했던 나에게 '일주일 이상의 여행'은 불가능에 가까운 꿈이었다. 여행지 리스트는 사실, '내 행복을 위해서 시간 충전이 필요해요'라는 자아의 조용하고도 절박한 외침이었던 셈이다.

이 버킷 리스트를 슬그머니 거두게 된 계기가 두 번 있었다. 한 번은 김남조 시인과의 인터뷰, 또 한 번은 바로 최인철 교수와의 인터뷰였다. 나는 오래 전부터 고 김남조 시인의 단정하고 다정한 시어를 사랑했다. 「겨울바다」, 「아가」, 「너를 위하여」 등은 시집이 너덜너덜해지도록 읽었고, '그대의 근심 있는 곳에'로 시작하는 가곡 〈그대 있음에〉는 음악 교과서에서 배웠다. 특히 「정념의 기」를 사랑해 수첩에 적어 놓고 마음이 어수선할 때 꺼내 읽곤 했다. '내 마음은 한 폭의 기旗 / 보는 이 없는 시공에서 / 때로

울고 때로 기도드린다'로 끝나는 시. 인터뷰를 잘 하지 않는 김남조 시인은 나의 팬심을 읽고 기꺼이 시간을 내주었는데, 그 인터뷰 때 건네받은 시인의 행복론을 잊지 못한다. 가 보고 싶은 곳이 있느냐고 묻는 질문에 그는 이런 답변을 주었다.

"먼 곳에 있는 것이 가까운 곳에도 있다는 생각을 해요. 놀라움이란 몇 곳의 명승지뿐 아니라 돌 밑에도 있고 어디에든 있어요. 가슴이 흡입하기에 따라서. 인생이 결코 짧지 않다는 걸 말하고 싶어요. 인생이 덧없다든가 순식간이라고 하는데, 내가 계산해 보니 3만 몇 천 번의 해돋이를 보면서 살았어요. 그날 하루가 새로운 생애라고 할 때 3만 몇 천 번의 새 인생이 있었던 것입니다."

먼 곳을 꿈꾸거나 탐하지 않고, 지금 여기에서 새로움을 발견해내는 시인의 시선은 메시지가 컸다. 행복한 사람은 버킷 리스트가 없거나 적다. 내가 지난 20여 년간 700여 명에 가까운 사람들을 인터뷰하면서 깨달은 사실이기도 하다. 먼 훗날을 기약하며 추상적인 행복을 꿈꾸기보다 지금 이 순간의 행복을 충족해 나간 사람들은 버킷 리스트가 없었다. 관계도 그렇다. 순간순간 상대방에게 최선을 다한 사람은 이별에 대한 후회가 적다. "나중에 잘해 줄게"라며 사랑 표현을 유예한 사람들은 헤어진 후 아픔과 아쉬움이 얼마나 큰가.

최인철 교수와의 인터뷰를 마치고 나는 버킷 리스트를 다시 적어내려 갔다. 평생의 버킷 리스트를 접어 두고 매일의 행복 찾기 리스트를 만들었다. 핸드 드립으로 커피 내릴 때 퍼지는 원두 향 가만히 맡기, 아이의 두 눈을 10초 이상 지그시 바라보기, 출근길 강변북로 고가 구간에서 자동차의 창문 활짝 열고 노래하기, 뭉게구름이 뜬 날 10분 이상 하늘 보기, 내가 존경하고 사랑하는 사람들이 안온하길 기도하기 등.

　행복 찾기 여정은 파랑새를 찾는 것과 같다. 간절하게 좇을수록 더 멀리 달아나 버린다. 행복은 지금, 여기에서 시작한다. 오지 않는 고도를 기다리며, 혹은 일본 만화 「원피스」에서 알 수 없는 하나의 조각 '원피스'를 기다리듯 하염없이 서성대는 마음에는 행복이 돋아날 자리가 없다.

"
행복을
열심히 추구하는 것도 중요하지만
우연히 찾아오는 행복을
충분히 만끽하기 위해
잠시 멈추는 것도 필요해요.
"

삶을 뒤흔든 열두 번의 만남

11

interviewee | keyword
김민섭 | 선의

sentence

"연약의 시절을 지나
사회적 존재가 된다면"

김민섭

작가이자 출판사 '정미소'의 대표이며, 서점 '당신의 강릉'의 운영자이자 대리 운전사. 일명 '김민섭 찾기 프로젝트'를 통해 사회에 숨은 선의를 연결해 큰 사회적 울림을 줬다. 다정함을 연결하는 비영리 사단 법인 '당신이 잘되면 좋겠습니다'의 이사장으로도 일한다. 『나는 지방대 시간 강사다』, 『대리 사회』, 『당신이 잘되면 좋겠습니다』, 『우리는 조금 더 다정해도 됩니다』 등을 썼다.

뉴스를 보다가 그렇게 줄줄 눈물을 흘린 건 처음이었다. 페이스북을 뜨겁게 달군 일명 '김민섭 찾기 프로젝트' 보도 장면. 김민섭 작가가 자신과 이름이 같은 보통의 청년 김민섭에게 아무 조건 없이 후쿠오카 항공권을 양도하는 이 프로젝트는 '순수한 선의'의 이름으로 자가 증식했다. 누군가는 숙박비를, 누군가는 버스 티켓을, 또 누군가는 포켓 와이파이를 주겠다고 나서더니, 급기야는 대학원생 김민섭의 졸업 전시 비용 마련을 위한 카카오 펀딩으로까지 이어졌다. 278명이 모은 254만 9,000원. 무려 300명 가까운 이들이 평균 9,000원씩을 보탠 셈이다. 소수의 목청 큰 사람들에 가려 보이지 않던 다수의 조용한 선의를 확인한 일대 사건이었다.

당시 93년생 대학원생 김민섭 씨는 83년생 김민섭 작가에게 물었다.

"사람들이 왜 저를 도와줬을까요? 저는 특별한 게 없는 사람이잖아요. 작가님은 저를 왜 도와주셨나요?"

김 작가는 답했다.

"저는, 당신이 잘되면 좋겠다고 생각했습니다."

대학원생 김민섭 씨는 이듬해 수석 졸업을 했다. 자신이 잘되기를 바라는 사람이 너무 많았다며, 그 덕분이라고 했다. 이 기적 같은 이야기는 현재 진행형이다. '당신이 잘되면 좋겠습니다'라는 순수한 기도는 일명 '당잘좋'이라는 이름으로 캠페인처럼 퍼져 나가고 있다. 사람들은 김민섭 작가를 따라 자기만의 방식으로 타인과 세상을 향한 선의를 베푼다. 누군가는 헌혈을 하고, 또 누군가는 채식주의자가 되는가 하면, 연약한 사람에게 함부로 막말을 하는 사람을 향해 두 눈을 부릅뜬다.

김민섭 작가의 책은 장르를 규정하기 쉽지 않다. 그는 자신의 이야기를 소진해 작품으로 남긴다. 작가 자신의 이야기라는 점에서 에세이에 가깝지만, 읽고 나면 사회파 소설처럼 묵직함이 전해져 온다. 술술 읽히지만 공동체를 향해 방향성을 묻는 질문을 남긴다. 그 질문은 김민섭을 닮은 밋밋한 사람들의 마음을 휘저으며 결코 작지 않은 행동을 유발하게 한다. 실제로 그는 종종 '작가' 대신 '사회 정치 칼럼니스트·저널리스트'로 소개된다.

어쩌면 김민섭 작가는 1인칭으로 충분할지 모르겠다. 소설이 피투성이 세상에 거대한 질문을 던지기 위해 그 세계의 어떤 전형을 지어내 이끌어 가는 장르라면, 그는 이미 그 전형의 최전선에서 충직한 삶을 살아 내고 있으니 말이다. 『나는 지방대 시간 강사다』에서는 세상의 잣대에 휘둘리지 않고 '나다운 삶'을 선택하는 이야기를, 『대리 사회』에서는 타인의 욕망을 대리하면서 살아가는 '우리'의 서글픈 초상을 다뤘다면, 『당신이 잘되면 좋겠습니다』 와 『우리는 조금 더 다정해도 됩니다』는 연결을 통해 확인되고 확 산되는 '우리 사회'의 선의의 힘을 말한다. 그래서 그의 책을 덮고 나면 가슴속에 온기가 남는다. 오래도록 식지 않는 뭉근한 온기.

━━•◆•━━

김민섭 찾기 프로젝트를 접하고 감동이 컸어요. 관련 뉴스를 보다가 눈물이 주룩주룩 흘렀습니다.

"이 프로젝트에 정말 많은 분들이 호응하고 감동해 주셨어요. 한번은 50분 정도를 대상으로 이 이야기를 들려 드렸는데, 절반 정도가 우시더라고요. 끝나고 몇 분이 오셔서 '내 인생 최고의 강연이었다'는 말씀도 남겨 주시고요. 이 주제로 강연을 할 때마다 우는 분들이 꼭 계셨어요."

그분들의 어떤 지점을 건드린 걸까요?

"듣고 싶었던 말이 아닐까 싶어요. 자기도 모르지만 하고 싶었던 말이고요. '당신이 잘되면 좋겠습니다'라는 말을 하는 순간에 다들 우시거든요."

어떤 면에서는 우리가 선함에 굶주려 있지 않았을까 싶어요. 날 선대립과 흉악한 범죄가 미디어를 지배해 버렸잖아요.

"모두에게는 선하게 살아가고자 하는 본성이 있지만, 시대의 욕망들이 그걸 계속 지워 나가는 것 같아요. 그러나 선하게 살아도 괜찮다는 마음을 회복하는 일이 필요하고, 그리고 그게 궁극적으로 나를 위한 일이라는 것을 알게 되면 좋겠어요.

김 작가는 어떻게 그 선함을 사회화 과정에서 잃어버리거나 맞바꾸지 않고 고스란히 유지할 수 있었나요.

"제가 2015년에 시간 강사를 그만두고 대학을 나와 버렸잖아요. 그때 건져 올린 게 저 같아요. 이전에는 내가 무엇을 위해, 누구로 살아가는지 알 수 없던 시간이었어요. 대학에서의 시간은 포기해야 하는 것도 많았고, 내가 하고 싶은 일을 즐겁게 하고 있는가에 대한 자신도 없었어요. 물론 공부는 재밌었지만 대한민국에서 대학원생이자 시간 강사로 살아간다는 건 힘든 일이에요. 내가 나를 지키지 못했어요. 대학을 나오면서 전업 작가가 됐고, 그때의 결심은 '나답게 살자'는 거였어요. '내가 가장 즐겁고 행복하게 할 수 있는 게 뭐지?'라는 스스로의 질문에 '나는 김민섭답게 살아야겠다'는 답변을 찾았습니다. 김민섭다움이라는 게 그 이후의 모든 삶이 되었어요."

김민섭다움이란 뭘까요?

"글쎄요, 저마다의 나다움이 있잖아요. 모든 다움은 존중받아야 마땅해요. 김민섭답다는 건, 민망하지만 이렇게 정리할 수 있을 것 같아요. 내가 즐겁고 옳다고 믿는 일들을 타인의 눈치를 보지 않고 선택하면서 사는 일."

그 수준의 삶은 종심從心 경지에 올라야 하지 않을까요(웃음)? 마음을 따라 행동해도 타인에게 피해를 주지 않을 인성을 갖춘 사람.

"그건 잘 모르겠습니다만, 그 과정에서 중요한 건 무해한 존재가 되는 것 같아요. 내가 옳다고 생각한 것을 해 나가다 보면 타인에게 피해를 주는 경우가 많거든요. 나와 다른 생각을 가진 사람을 혐오하고 정죄하게 되면서. 그건 옳지 않다고 생각해요."

선함은 타고나는 걸까요, 길러지는 걸까요?

"둘 다인 것 같아요. 선하게 타고난 사람도 있고, 그런 사람에게 영향받아서 선해지고자 하는 사람도 있고. 그러나 우리가 살아가는 시대는 끊임없이 시대의 욕망을 만들어 내고 그 시대를 살아가는 개인들에게 강요하고, 우린 그걸 큰 의심 없이 받아들이고 수행해 나아가게 되잖아요. 나다움이 무엇인가를 찾는 것이 선함의 회복과 닿아 있을 거라 믿어요. 결국 모두가 가지고 있는 것, 잃을 수 있지만 결국에 되찾게 되는 것, 그게 선함이 아닐까요."

"
나다움이 무엇인가를 찾는 것이
선함의 회복과 닿아 있을 거라 믿어요.
결국 모두가 가지고 있는 것,
잃을 수 있지만
결국에 되찾게 되는 것,
그게 선함이 아닐까요.
"

문명의 시계는 개인주의로 흐릅니다. 선함의 형태도 달라지는 것 같아요.

"이 시대의 선함이란 무엇으로 규정할 수 있는가, 라는 질문을 계속해 나갔어요. 그러면서 떠올린 단어는 '무해함'이었습니다. 우리는 타인에게 무해한 존재가 되기 위해 이전보다 더 애쓰고 있는 듯해요."

손을 내밀어 적극적으로 도움을 주기보다 타인에게 피해를 주지 않으려는 무해함. 무해함이야말로 집단주의 시대를 지나 개인주의 시대에 필요한 선행일 수 있겠어요. 도움을 청하지 않는데 도와주려는 손짓은 선을 넘는 간섭일 수 있죠. 집단주의 시대에는 '불우 이웃 돕기' 같은 말이 통용됐지만, 언어 감수성을 가지고 바라보면 이 얼마나 폭력적인 시선인가요. 행불행을 물질적인 잣대로만 바라보고 함부로 '너는 불행해'라고 집단이 규정하는 것이니.

"맞아요. 선을 넘어 도움을 주려 하기보다, 각자의 자리에서 무해한 존재가 되고자 하는 마음이 덜 폭력적이라는 데 동의합니다."

그럼에도 불구하고 인간은 누구나 선과 악이 공존하기 마련이지요. 김민섭 작가님의 내면에도 때로는 이기적이고 나약하고 욕심쟁이 같은 면도 있을 텐데요, 선의를 전면에 내세운 책을 연이어 내면 한없이 착한 사람으로만 보일까 봐, 혹은 그런 사람으로 행동해야 한다는 부담감은 없었어요?

"아직까지는 그런 사례가 없었어요. 왜냐하면 저는 뭘 하려고 애쓰는 게 아니라, 그때그때 옳다고 생각하는 일들, 즐겁게 생각하는 일들을 선택해 왔으니까요. 대학을 나오면서 힘든 일을 많이 겪었는데요, 그러면서 생각하게 된 건, '무엇이 김민섭한테 어울리는 선택일까', '무엇이 나를 가장 행복하고 즐겁게 할까'였습니다. 그런 기준으로 선택하고 행동하니 성공하면 좋고, 실패해도 좋더라고요. 실패하더라도 잘 실패할 수 있었고요. 타인이 보기에 이해할 수 없는 선택을 할 때 '그래서 나한테 남는 게 뭐야'라는 질문을 많이 합니다. 결국 나에게 내가 남으면 돼요. 저에게 중요한 건 무엇이 남고 안 남고의 문제가 아니에요. 그저 제가 즐겁고 꾸준하게 할 수 있는 일들을 해 나가면서, 그 일이 주변에 알려져서 동참하게 하면 좋겠습니다."

그는 일명 '당잘좋' 프로젝트를 진행한 적도 있다. 헌혈을 한 후 인증샷을 그에게 보내면 자신의 책 『당신이 잘되면 좋겠습니다』를 보내 주는 이벤트다. 주사 맞는 걸 끔찍이도 무서워하는 그가 헌혈을 시작한 건 사회적 가치 때문이었다. 그는 대학원 재학 시절, 자신의 몸에서 나오는 피를 보면서 울었다고 했다. '저 피는 내 논문과는 다르게 누군가에게 쓰이겠구나' 싶어서. 이후로 그는 종종 자신의 쓸모를 생각하면서 헌혈의 집을 찾는다.

헌혈도 많이 했죠. 도대체 얼마나 했나요?
"79회 했습니다(2025년 4월 기준).”

자신의 피가 누군가에게 도움이 될 거라는, 대학 공부를 통해서는 느낄 수 없었던 분명한 자각에서 큰 공감이 됐습니다.
"대학 공부가 사회에서 의미 있는 일인지 확신할 수 없었지만, 헌혈은 그렇지 않았어요. 남을 위해 헌혈을 시작했지만, 헌혈을 통해 구원받은 것은 내 자신이었습니다. 내 피를 받을 누군가를 상상하면서 나를 사회적 존재로 자각할 수 있었거든요."

왜 그토록 사회적 존재가 되고 싶었나요?
"제가 대학원생 시절 논문을 쓰면 세 명만 읽었어요. 지도 교수, 심사 위원, 저. 그러면서 내가 과연 사회적인 존재인가, 내가 하는 일이 어떤 의미가 있나, 많이 절망했어요. 사람은 자신의 일이 사회와 연결될 때 앞으로 나아갈 수 있다고 저는 믿어요. 그러나 그럴 수 없는 연약의 시절이 모두에게 찾아오죠. 저는 헌혈을 통해 버틸 수 있는 힘을 얻었어요. 누구에게도 상처 주고 싶지 않은 마음, 이 세계에 뭐라도 보탬이 되고 싶은 마음을 가진 연약한 존재들이 더 많이 연결되면 좋겠습니다. 제가 그 연결고리의 역할을 하고 싶고요."

『당신이 잘되면 좋겠습니다』에 무례한 사람을 고소하는 일화가 등장하죠. 교통사고 현장에서 막말과 욕설을 하는 40대 가장을 '모욕죄'로 고소했고, 결국 벌금형을 받게 했어요. 겁이 많다고 했는데, 어떻게 그렇게 센 사람에게 강하게 맞설 수 있었지요?

"사실 겁이 많이 났어요. 무서웠고요. 저는 갈등 상황을 피하는 편이거든요. 말려들지 않으려 하고요. 그런데 그 사람한테 지고 싶지 않았어요. 제가 사랑하는 사람들은 저와 닮았거든요. 생김새가 닮은 경우도 있고 성격이나 지향, 사용하는 언어가 닮은 경우도 있어요. 그런 사람들이 상처받지 않기를 원했어요. '내가 그냥 넘어가면, 이건 잘못된 거야, 라고 말하지 않으면 그 사람은 나와 닮은 사람을 찾아내서 그에게 상처를 주겠구나, 그렇다면 내가 지금 싸우면 나와 닮은 사람을 지킬 수 있겠구나' 싶었어요. 그래서 고소장에 고소의 이유를 이렇게 썼습니다. '나와 닮은 사람을 지키기 위해 이 사람을 고소합니다.' 적고 나서 참 잘했다고 생각했어요(웃음)."

나와 닮은 사람과 연대하는 느낌이 들었겠어요.

"맞아요. 고소를 진행하면서 혼자 한다는 생각이 들지 않았어요. 페이스북에서도 김민섭 찾기 프로젝트만큼이나 사람들이 공

> 대학 공부가 사회에서 의미 있는 일인지
> 확신할 수 없었지만, 헌혈은 그렇지 않았어요.
> 남을 위해 헌혈을 시작했지만,
> 헌혈을 통해 구원받은 것은 내 자신이었습니다.
> 내 피를 받을 누군가를 상상하면서
> 나를 사회적 존재로 자각할 수 있었거든요."

유하고 응원도 해 줬거든요. 그래서 더 잘할 수 있었어요."

이제까지 다양한 챌린지를 캠페인처럼 이어 왔잖아요. 혹 '무례함의 비용 물리기' 챌린지를 해 볼 생각은 없어요?

"음…… 그런 건 안 하는 게 좋겠어요. 누군가가 잘되길 바라는 챌린지는 괜찮아요. 그런데 누군가를 안 되게 만들자는 챌린지는 그걸 진행하는 사람을 즐겁게 하지 못해요. 저 역시 그걸 진행하는 몇 달 동안 안 즐거웠거든요. 무엇보다 '내가 옳은 일, 정의로운 일을 하고 있어'라는 생각이 불쑥불쑥 들어요. 그게 정말 위험한 생각 같아요. '이 사람은 죄를 받아도 괜찮아, 누군가를 혐오해도 괜찮아' 이런 생각이 들어서 계속 마음을 다잡았어요. '나는 지금 옳은 일을 하는 게 아니야, 다만 나와 닮은 사람을 지키기 위해 할 수 있는 최소한의 일을 하는 거야'라는 식으로요. '당신이 안 되면 좋겠습니다'는 이미 우리 사회에 너무 많아요."

우리는 무엇이 중요한지를 알면서도 타인의 성취를 욕망하곤 하잖아요. 그런데 자신만의 성취를 정의하고 실천하면서 사는 김 작가의 삶, 귀하고도 존경스럽습니다. 그래서 이런 글을 쓸 수 있겠구나, 하는 생각도 들어요.

"저는 제 글을 규정할 수 없어요. '이래도 되나?'라는 생각을 종종 하거든요."

'이래도 되나'라니요?

"'이건 무슨 글이지?'라는 겁니다. 대학에서 쓴 논문은 어려운 글, 고등학생 시절 인터넷 유머 게시판에 쓴 글은 가벼운 글이잖아요. 그런데 제 책의 무게는 저도 잘 모르겠어요. 다만 글을 쓸 때 가장 쉬운 단어를 고민합니다. 쉬우면서 그 자리에 어울리는 단어. 어디에 쉼표가 있고 없어야, 어디에 조사가 있고 없어야 내가 사랑하는 사람들이 읽기 편할까를 고민합니다. 누군가가 보기에는 가볍지만, 우리 사회의 가장 무거운 부분을 담아내고 싶은 마음은 항상 있어요. 그래서 '이래도 되나'라는 생각을 늘 합니다. 장르를 굳이 붙이자면 김민섭이라는 장르로 계속 써 나가고 싶어요."

가장 쉬운 언어에 우리 사회의 가장 무거운 부분을 담고 있어요. 그 병증을 건드리면서 대안까지 제시해 '사회 지향 에세이'처럼 읽힙니다.

"에세이는 개인에게 침잠하잖아요. 저는 개인이 침잠해야 할 곳은 타인과 사회라고 생각해요. 저로 시작하는 에세이지만 타인에서 끝나고 싶다는 생각을 하면서 씁니다. 제 책을 읽은 후 마음에 물음표 하나씩 생기게 하는 건 제 역할일 수 있겠다 싶어요."

김 작가의 글을 따라 읽다 보면 두 가지 시선이 동시에 느껴져요. 아주 개인적이면서 아주 사회적인.

"대학에서 논문을 쓸 때 제 글이 어떻게 사회와 연결될 수 있을까를 많이 고민했어요. 그때부터 타인과 연결되고 싶었고, 제 글이 우리 공공선에 기여할 수 있으면 좋겠다는 생각을 했습니다."

석사 논문 주제는 뭐였습니까?

"100년 전쯤 출간된 기독교 잡지에 실린 문학을 연구했어요. 당시 '사회'라는 단어를 어떻게 번역해야 할까 고민하다가 '이웃 린隣' 단어를 만났습니다. 먼저 손을 내밀고, 사유하고 공감하는 관계를 만드는 게 사회라는 내용을 봤고, 결국 사회라는 건 연결된 개인들의 총합이라는 생각을 했습니다. 그런 내용의 논문을 학회에 보낸 날 신기하게도 첫째 아이가 태어났습니다. 그 아이의 이름을 꼭 '린'으로 하고 싶었어요. 하지만 집안 어른들의 반대로 첫째 아이 이름은 작명소에서 지었습니다. 둘째가 태어나면 '린'으로 짓겠다고 했고, 그 바람대로 됐어요."

그는 자주 웃었다. 먼저 눈빛이 웃고, 그 웃음이 눈가로, 입가로 번졌는데 그때마다 그는 꼭 사춘기 소년의 얼굴이 됐다. 대학에서 나와 전업 작가가 된 후, 그는 대리기사를 병행했다. 그의 일감은 주로 서울에 있지만, 강원도 강릉에서 산다. 서울-강원도 대리운전으로 한 번에 20만 원 정도를 벌 수 있다고 했다. 그를 경남

"
선을 넘어
도움을 주려 하기보다,
각자의 자리에서
무해한 존재가 되고자 하는 마음이
덜 폭력적일 수 있어요.
"

창원의 한 포럼에서 만난 적이 있다. 당시 서울에 사는 포럼 참석자들 대부분은 KTX를 타고 상경했지만 그는 홀로 창원에 남았다. 카페에서 글을 쓰면서 대리운전 콜을 기다렸다고 했다. "그날 대리기사로 18만 원 벌었고, KTX 비용 아낀 것까지 합치면 20만 원을 넘게 벌었다"며 또 웃었다.

일감은 대부분 서울에 있는데, 어쩌자고 두 시간 거리의 강원도 강릉으로 이사했습니까?

"아이가 바다가 보고 싶다고 해서 새벽에 강릉으로 떠난 적이 있어요. 너무 좋은 거예요. 바다에 갈매기가 날고, 아이들은 갈매기를 쫓아다니고. 온 가족이 같이 바다를 본 건 처음이었어요. 제가 바다를 좋아하는 사람이라는 걸 그때 알았습니다. 저도, 아내도, 아이들도 행복해 보여서 다음 주에 또 갔어요. 그다음 주, 그다음 주에도. 어느 날 아이들이 '여기에 살고 싶어' 하는 겁니다. 여기에서라면 모두 행복할 수 있지 않을까 싶어 집값을 알아봤는데, 바다 주변 아파트 시세가 생각보다 저렴했어요. 강릉 사람들은 바다 근처 집을 선호하지 않는다고 합니다. 전세를 구해서 1년 정도 주말마다 와서 살아 보다가 아이들한테 '여기로 이사할까?' 물어봤더니 너무 좋대요. 처음 바다를 찾은 지 2년 만에 강릉으로 이사 왔어요."

글에서 아이들을 김대흔 씨, 김린 씨 하고, '씨' 호칭을 붙이더군요.

"부모로서 자식을 대하다 보면, 아이들이 제 생각대로 자라 주면 좋겠다는 바람을 갖게 되잖아요. 그러면서 저도 모르게 아이들에게 화를 낼 때도 있고, 제 생각을 강요하게 될 때도 있어요. '내 아이'라고 생각하면 그렇게 되는 것 같아요. '아이들을 한 개인으로 존중해 주면 좋겠다, 그 힘은 호칭과 언어에서부터 오지 않을까?' 이런 생각을 하다가 적어도 글을 쓸 때만큼은 아이들을 '씨'로 호칭해 주면 내 아이를 넘어 존중해야 할 개인으로 보이지 않을까 싶었어요."

김대흔 씨, 김린 씨가 어떤 사람으로 자라면 좋겠어요?

"어휴, 엄청난 질문인데요? (한참 생각하다가) 김대흔 씨가 그냥 착한 동네 형이면 좋겠어요."

이 말을 하는 그의 눈이 벌게졌다. 누가 울면 따라 울게 되는 나도 울었다. 이유를 알 수 없는 눈물이었다. "그냥 착한 동네 형이면 좋겠다"는 한마디에 그는 왜 눈물이 났을까. 그 이면을 들여다본다. 착한 동네 형이 되길 바라는 마음조차 부모의 욕심이어서 미안해서였을까, 아니면 이 험악한 세상에서 착한 동네 형으로 살아가기 힘들어서일까, 그도 아니면 착한 동네 형 같은 김민섭 작가 자신의 고단함이 묻어난 것일까.

궁금했지만 이유를 묻지 않았다. 어떤 진실은 설명이 필요하지 않은 법이다. 마치 한 줄짜리 시처럼 말하지 않을 때 더 많은 말을 남기는 세계가 분명 존재한다. '그냥 착한 동네 형'이라는 은유가 내겐 그랬다. 그 의미를 주저리주저리 표현하려고 할수록 눈물 한 방울의 아름다운 공명이 오히려 퇴색되어 버릴 것만 같았다. 그래서 질문 대신 침묵을 택하기로 했다. 나는 그의 울먹거림을 바라보면서 그 눈물의 의미를 짐작했다. 질문하고 답을 들었을 꽤 오랜 시간 동안. 김민섭 작가는 멋쩍게 웃고 대화를 이어 갔다.

"마침 오늘 대흔 씨 학교에서 가정 통신문 같은 게 왔어요. 아이의 성장을 지켜 본 학부모로서 아이에게 글을 써 달라는. (자신의 휴대폰을 열어 보이며) 이렇게 썼습니다."

(한참 읽어 내려가다) 다감한 사람이라.
"김대흔 씨가 다감한 사람이면 좋겠고, 그 다정함과 다감함을 언어로 정서화할 수 있는 사람이길 바랍니다. 김린 씨는 이름처럼 이웃을 살피면서 살면 좋겠습니다. 작은 모닥불이 되어서 타인의 처지에서 사유하고 그들에게 손을 내밀 수 있는 사람. 둘 다 크게 타오르지 않는 사람이면 좋겠어요. 주변에서 크게 타오르는 사람들을 많이 봐요. 정말 정의롭고 멋져서 구경까지 오는. 그런 분들은 그런데 너무 크게 타올라서 주변에 피해를 주거나 금방 사그라

들어 재만 남는 경우가 많아요. 저는 그것보다 작게, 은은하게, 오래 타오르는 모닥불이 더 많은 사람에게 다가갈 수 있다고 생각합니다."

스스로는 큰불이라는 생각을 안 해 봤어요? 큰불에는 여러 의미가 있을 텐데요.

"저는 스스로 큰불이 못 되는 사람이라고 생각해요. 작은 불이 되고 싶어요. 대신 사람들이 저에게서 불씨를 나눠 가져가서 아주 많은 모닥불들이 생기는 건 환영해요."

김민섭 프로젝트의 주인공인 93년생 김민섭 씨가 2024년 4월에 결혼했다. 신부는 그린피스에서 봉사 활동을 하며 만난 사람이라고 한다. 93년생 김민섭 씨는 캐나다로 이주해 대학원에서 환경학을 공부할 예정이다. 그는 김민섭 작가에게 결혼식 축사를 부탁하러 예비 신부와 함께 찾아왔다. 김 작가는 93년생 민섭 씨한테 왜 그 길을 택했는지를 물었고, 이런 답을 들었다.

"김민섭 씨 찾기 프로젝트 때문이에요. 그 일 이후로 어디에서 무엇을 하든 '내가 이 사회를 위해 무엇을 해야 할까'라는 질문이 따라다녔습니다. 그리고 기후 위기가 심각해졌으니까, 디자인을 배운 내가 환경학을 배워서 이산화탄소를 덜 배출하는 건물을 디자인하면 그걸로 나를 도와준 사람들이 더 행복하고 안전하게 살아갈 수 있겠다고 생각했어요. 작가님이 83년생이고, 제가 93년생이에요. 언젠가 2003년에 태어난 김민섭 씨는 제가 찾을게요. 그리고 아무 조건 없이 여행을 보내 줄게요. 그러기 위해 잘 살아 볼게요."

김 작가는 민섭 씨 결혼식의 축사를 수락했다. 축사를 하면서도 그는 왠지 눈물이 자꾸 났다고 했다. 축의금으로 보낸 돈은 무려 700만 원. 캐나다 대학원의 첫 학기 등록금이었다. 대리기사로 일하면서 700만 원을 벌려면 도대체 얼마나 달려야 하는 것일까. 경남 창원에서 강원도 강릉으로 대리운전 하면서 번 돈을 기준으로 계산해 봤다. 무려 1만 4,700킬로미터. 미국 대륙 전체를 크게 한 바퀴 돌아야 도달하는 거리다. 깜짝 놀랄 만한 거금의 축하금을 내면서 김 작가는 민섭 씨에게 이렇게 말했다.

"제가 드리는 돈이 아니라, 몇 년 전 민섭 씨의 졸업을 도왔던 사람들이 민섭 씨의 입학의 이유를 듣고 다시 한 번 입학을 돕는다고 생각해 주면 좋겠어요. 사실 제가 번 돈이라고 생각한 일도 없으니까 정말로 함께 주는 돈이에요."

그는 언젠가 자신의 SNS에 이렇게 적은 적이 있다.

"「유퀴즈」에 나간 이후 강연 요청이 많다. 한 해 동안 487회. 그렇다 보니 통장에 적지 않은 돈이 모였다. 그러나 이건 내가 번 돈이 아니다. 함께 번 돈이니까 집을 바꾸거나 차를 바꾸거나 하면 안 될 것이다. 같이 써야 한다."

그의 선행은 점점 더 커지고 있다. 2024년 7월 28일, 그는 비영리 법인 '당신이 잘되면 좋겠습니다'를 열었다. 서점과 카페가 어우러진 복합 문화 공간이다. 강릉에서 작게 운영하던 서점 '당신의 강릉'이 타인의 선의를 먹고 무럭무럭 자라서 3층짜리 건물을 통째로 쓰게 되었다. 수익의 상당 부분이 청소년 문화 사업을 위해 사용된다. 사람들이 강릉에 찾아와 커피를 마시고 빵을 먹고 책을 한 권 사는 평범한 소비가 누군가를 잘 되게 하는 다정함으로 이어질 수 있게 돕는다.

선의란 무엇인가. '착한 마음'이라는 뜻의 선의善意는 마음만으로는 완성되지 않는다. 그 마음이 타인을 위한 행동으로 연결되어야 비로소 진짜 가치를 가진다. 말하자면 선의는 사회적 쓰임을 기다리는 잠재태라고 할 수 있다. 선의는 힘이 세다. 홀로 설 수 없어 잘 보이지 않을 뿐. 김민섭이라는 은은한 온기는 숨은 선의와 선의를 연결한다. 선의는 선의를 먹고 자란다. 선의라는 잠재태가 밖으로 드러나 한 번 쓰임을 갖기 시작하면 그 힘은 무한 증식한다. 선의는 우리가 살아가는 이 땅을 더 좋은 곳으로 데려갈 것이다.

> 저에게 중요한 건 무엇이 남고
> 안 남고의 문제가 아니에요.
> 그저 제가 즐겁고 꾸준하게
> 할 수 있는 일들을 해 나가면서,
> 그 일이 주변에 알려져서
> 동참하게 하면 좋겠습니다.

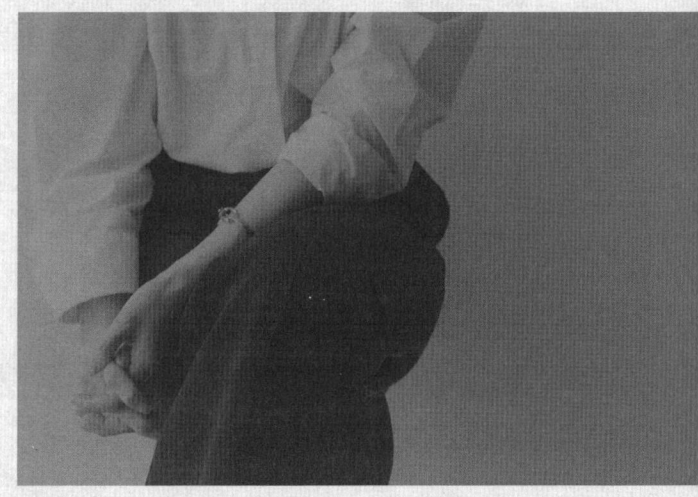

삶을 뒤흔든 열두 번의 만남

12

interviewee	keyword
윤홍균	사랑

sentence

"사랑은 두 사람이
 한 그루의 나무를 심는 것"

윤홍균

'윤홍균 정신건강의학과 의원' 원장. 중앙대학교 의과대학과 의과 대학원에서 공부했다. 2016년 출간한 첫 책 『자존감 수업』이 100만 부 넘게 팔렸고, 영국, 미국을 비롯해 이탈리아, 스페인, 네덜란드, 일본 등 전 세계 30여 개국에 판권이 수출되었다. 이후 『사랑 수업』, 『마음 지구력』 등을 펴냈으며, 「어쩌다 어른」, 「세바시」 등 다양한 매체에 출연했다.

사랑, 참 어렵다. 내가 사랑하는 사람이 동시에 나를 사랑하는 일은 어마어마한 기적이다. 이 광활한 우주 공간에서, 존재와 존재가 엇갈리지 않고 서로를 알아보는 사건은 얼마나 희박한 확률인가. 사랑하면 다른 존재가 된다. 터져버릴 것 같은 꽉 찬 희열과 행복감을 느끼기도 하고, 더 이상 바닥이 없을 것 같은 검은 절망을 겪기도 한다. 사랑을 한 후의 나는, 이전의 나로 돌아갈 수 없다. 사랑만큼 신비한 묘약이 없다.

하지만 문제는 여기부터다. 내 사랑을 알아보는 것도 어렵지만, 그 사랑을 지켜 나가는 것은 더욱 힘겹다. 그토록 사랑하는데도 상대방을 도무지 이해할 수 없고, 서로가 서로에게 상처를 주고, 이별을 떠올리게 된다. 남이 하는 사랑은 쉬워 보이는데, 나의 사랑은 왜 이토록 난해한가. 이별 후 지독한 고통을 겪은 사람은 다시는 상처받지 않으려고 마음의 문을 잠가 버리기도 한다.

게다가 사랑의 범주에는 '연인'만 있는 것이 아니다. 사랑이라는 말의 뜻을 뜯어보면 사랑의 본질과 대상이 보인다. 사랑의 사전적 정의는 '어떤 사람이나 존재를 몹시 아끼고 귀하게 여기는 마음, 또는 그러한 일'이다. 사랑하다는 뜻의 영어 'love'는 '즐겁게 하다'라는 라틴어 'lubert'에서 왔고, 우리말 '사랑'은 '사량思量'에서 유래했다는 설이 유력하다. 말하자면 사랑은 '누군가(무엇인가)를 생각하고 헤아리면서 즐겁게 해 주는 일'이라는 의미를 지녔다. 연인이나 배우자뿐 아니라 가족, 친구, 일, 아끼는 물건 등이 모두 사랑의 대상에 포함되는 것이다. 그렇다면 대상에 따라 사랑하는 방법은 또 얼마나 다른가.

사랑에 대해 공부하면 우리는 사랑을 더 잘 할 수 있게 될까. 윤홍균 정신과 전문의의 답은 '그렇다'다. 그는 사랑에도 공부가 필요하다고 말한다. 밀리언 셀러 『자존감 수업』으로 '국민 자존감 주치의'라는 별명을 얻은 그는 4년 후 『사랑 수업』을 펴냈다. 『자존감 수업』에서 '나를 사랑하는 방법'을 다뤘다면 『사랑 수업』에서는 나를 사랑하는 마음을 기반으로 타인을 사랑하는 방법에 대해 다룬다.

'자존감 수업' 다음에 왜 '사랑 수업'인가요?

"『자존감 수업』으로 독자 여러분의 사랑을 아주 많이 받았습니다. 책을 낸 후 더욱 선명하게 알게 된 것이 있어요. 자존감에 가장 큰 영향을 미치는 것이 사랑이라는 점입니다. 그걸 깨닫고 추상적인 가치인 사랑의 실체에 대해 정리하기 시작했어요. 사랑을 잘 하려면 무엇이 필요한지, 제대로 된 사랑을 하려면 어떻게 해야 하는지를 말하고 싶었습니다."

사랑이 왜 이토록 어렵죠?

"저 역시 그 질문에서 시작했어요. 연구하면서 사랑과 얽혀 있는 세 가지 복잡한 속성을 발견했어요. 첫째, 양가감정입니다. 대상이나 상황에 대해 서로 반대되는 두 감정이 동시에 존재하는 거죠. 좋으면서도 너무 밉고, 가까이 두고 싶지만 두렵고, 사랑하지만 그만큼 증오나 원망도 있는 겁니다. 둘째, 이중성이에요. 친밀한 관계에서는 겉과 속이 다른 모습으로 표출되기 쉬워요. 좋으면서도 싫다고 표현하거나 친하다는 이유로 함부로 대하는 경우가 많죠. 멀리 있을 땐 겉면만 보였는데, 속에 들어가서 사랑하는 사람의 내면도 바라보게 되니 혼동스러운 게 사랑이죠. 셋째, 양방향성입니다. 관계는 일방통행이 아니라 서로 주고받는 양방향성을 띠어야 해요. 주는 사람과 받는 사람의 욕구가 제대로 맞물리지 않으면 관계가 꼬이죠."

세 가지 모두 정반대의 속성을 함께 담고 있군요. 사랑이 더 어렵게 느껴집니다(웃음).

"이렇게 사랑에는 복잡하고 다양한 속성이 얽혀 있다는 것을

"
사랑에는

복잡하고 다양한 속성이

얽혀 있다는 것을 이해하는 것이 중요할 것 같아요.

그러지 않고 사랑을 그저 기분 좋은 느낌,

행복감, 핑크빛으로 바라보면

사랑에 실패할 확률이 크답니다.

"

이해하는 것이 중요할 것 같아요. 그러지 않고 사랑을 그저 기분 좋은 느낌, 행복감, 핑크빛으로 바라보면 사랑에 실패할 확률이 크답니다."

사랑 때문에 고통 받고 원장님을 찾아오는 분들이 많을 텐데요. 사랑에 실패하는 가장 큰 원인이 어디에 있던가요.

"그 원인 역시 아주 다양합니다. 사람마다 다 다르지만, 가장 자주 보이는 원인은 사랑하는 사람을 도와주려고 하는데, '도와주기'의 방향을 잘못 잡기 때문이에요. 도와주기의 과녁은 상대방에 있어야 합니다. 그에게 필요하고 도움이 되는 것을 해 줘야 하죠. 그런데 많은 사람들이 상대는 원하지 않는데 내가 해 주고 싶은 것을 해 줘요. 그 후 반응이 좋지 않으면 '너를 위해 기껏 해 줬는데 내 마음도 몰라주고' 식으로 갈등 상황이 생깁니다. 의도가 좋다고 해서 결과도 좋을 거라는 건 큰 착각이에요. 도와주기는 마음먹는다고 바로 잘할 수 있는 것이 아니에요. 꾸준한 연습이 필요합니다. 상대 입장에서 공감하고 배려하는 연습."

책을 쓴 후 원장님의 삶에도 변화가 있었나요?
"친절하게 살아야겠다는 생각을 했어요."

친절이요? 원장님은 이미 '친절한 정신과 전문의'로 유명한데요. 이

메일 문의에 친절하게 응대해 줘서 '윤답장 선생님'이라고 불릴 정도로 말이에요.

"그러니까요. 저도 제가 친절하고 따뜻한 사람이라고 생각했는데, 맘 한구석에는 친절에 대한 자격지심이나 노파심이 있었던 것 같아요. 지나치게 친절한 의사는 장삿속이나 상업적인 것 같아 보이지 않을까, 친절을 가장해서 실력을 감추는 것처럼 보이지 않을까 싶었고요. 이런 저항 때문에 더 친절하지 못했고, 더 따뜻하지 못했어요. 앞으로는 실컷 따뜻하고, 마음껏 친절하자, 내 실력을 믿고 원 없이 따뜻해지자, 그렇게 생각했어요."

친절이란 뭔가요?

"누구를 만나도 상대방의 기분을 좋게 해 주는 것. 친절을 실천하기 위해 정해 둔 몇 가지 행동이 있어요. 우선 매일 아침 기도를 해요. (그의 책상에는 '일을 시작하며 바치는 기도문'이 너덜너덜해진 채 붙어 있다.) 또 다음 진료 받을 분을 제가 직접 진료실 문을 열고 이름을 불러서 맞아요. ○○○님 하고요."

친절이 자존감과도 관계가 있나요?

"자존감이 낮으면 누군가가 나에게 친절을 베풀고 사랑을 줘도 의심해요. 늘 누군가가 나를 속일 수 있고 나를 떠날 수 있다고 생각하면서 방어적이 되니까요. 아무리 좋은 사람을 만나도 친절이 나오기 힘들고, 친절을 줘도 누리기 힘들어요."

"낮은 자존감에서 벗어나지 못하는 사람들에게는 공통점이 있다. 제대로 된 사랑과 지지를 받아 본 기억이 없다"고 했지요. 이 부분은 내 의지대로 어찌할 수 없는 환경적 요소라 좌절감이 들기도 합니다.

"10대와 20대 초반까지는 '내가 부모에게서 제대로 된 사랑과 지지를 못 받아서 자존감이 낮구나'가 통해요. 부모와 친척 같은 보호자의 세계가 전부이니까요. 하지만 20대 중반부터는 얘기가 달라져요. 환경 탓, 부모님 탓이 더 이상 통하지 않고, 스스로도 납득이 안 되죠. 나에게 지지와 응원을 해 주는 환경을 내가 적극적으로 찾아야 해요. 친구나 동료일 수도, 책을 쓰는 저자나 영화를 만드는 감독, 음악을 만드는 음악가일 수도 있어요. 잘 찾아보면 그런 메시지가 전해지길 바라면서 퍼지는 콘텐츠들이 많거든요. 그런 문화적인 도움을 받아서라도 자존감 있는 어른이 되어야 자식들에게, 후배들에게 사랑을 줄 수 있어요."

그렇게 하면 훼손된 자존감이 회복되던가요? 자존감은 어린 시절 성장 환경에서 이미 결정되는 게 아닌가 싶어서요.

"되더라고요. 뿌리 깊게 훼손된 자존감이 기적적으로 회복되는 사례들을 종종 봐요. 그래서 제가 이 일에 보람을 느끼고 포기를 못합니다. 힘들다고 몇 달을 울던 분이 자존감이 회복되면서 타인과 사랑을 잘 주고받고, 사회적으로 놀라운 성취를 이루기도 하거든요. 잠재력이 터지는 거죠. 원래 200만큼의 자원이 있는 사람이 낮은 자존감 때문에 100을 깎아 먹어서 100만큼의 능력만 발휘하며 살다가, 이 부분이 회복되면 팡, 하고 잠재력이 터지는 거예요."

자존감이 먼저 쌓여야 제대로 된 사랑을 할 수 있나요?
"자존감이 기초이고, 그다음이 사랑이긴 해요. 그래서 책을 『자존감 수업』 다음에 『사랑 수업』을 썼고요. 하지만 자존감을 쌓아야만 사랑을 할 수 있는 건 아니에요. 봄, 여름, 가을, 겨울이 순서이지만, 잘 안 되면 여름부터 가져다 써도 돼요."

제대로 된 사랑을 하면 없던 자존감이 생기기도 하고요?
"그럼요. 반려견을 통해 자존감이 높아지기도 해요. 인간들과는 제대로 된 사랑을 주고받지 못했는데, 반려견과 사랑을 주고받으면서 안전지대가 생기는 거죠. 내가 쓸모없고 할 일 없는 사람인 줄 알았는데 반려견은 하루 종일 나만 기다리고, 밥을 주면 좋아하고, 놀아 주면 환장을 해요. 재미와 보람을 느끼게 되죠. 자신이 반려견을 보호해 주고, 거꾸로 반려견이 자신을 보호해 주면서 교류를 하면 그 경험이 자신감이 돼요. 그 경험을 바탕으로 친구, 연인과의 관계로 점점 확장해 나가는 거죠."

원장님 역시 반려견이 어린 시절 안전지대 역할을 한 걸로 알아요. 반려견 호크를 잃고 쿠키를 입양하기까지 30년이 걸렸다고요.

"네. 어린 시절에 반려견 호크를 통해 사랑하고 사랑받는 법을 배웠습니다. 하지만 호크를 잃고 결심했죠. 다시는 강아지를 키우지 않겠다고요. 중학교 때 떠나보냈는데 상처가 그만큼 깊었어요. 이후엔 공부하고 회사 다니고 결혼하고 아이 낳고 살면서 자연스럽게 관심사에서 멀어졌어요. 그런데 아이들이 강아지를 키우고 싶어 했어요. 저는 그다음 단계가 뻔히 보이잖아요. 예뻐하다가 강아지가 병들어 죽으면 얼마나 슬퍼하겠어요. 아빠로서 자식들에게 좋은 것만 주고 싶지 아픔을 주고 싶진 않죠. 그래서 내내 반대하다가 「말리와 나」라는 영화를 보고 마음을 바꿨어요. 젊은 부부가 강아지 말리를 입양해 키우다가 아이들을 낳고, 남자가 직업적으로 성장해 도시를 떠나고 마지막에 말리가 세상을 떠나는 장면까지 나와요. 슬픈 일이지만, 그 남자도, 가족도 성장한 거예요. 저 역시 어릴 때 호크로 인해 성장했겠구나, 싶었어요. 부모는 자식을 성장시킬 의무가 있잖아요. 이런 과정을 겪게 하는 것도 의미 있겠다 싶었어요. 그래서 말티즈인 쿠키를 입양했죠. 후회하지 않습니다. 아이들은 쿠키를 통해 사랑력을 깨닫고 있어요."

대체 사랑력이란 뭔가요?

"제가 조합해서 만든 말이에요. 사전에 없는 단어죠. 그런데 책을 내고 나중에 찾아보니 그 이전부터 쓰는 분들이 있었더군요. 사랑력이란 사랑을 주고받을 수 있는 능력이에요. 인간관계에서 사랑을 녹여 낼 수 있는 힘."

왜 사랑력이 그토록 중요하죠?

"사랑의 힘은 우리가 아는 것보다 위대합니다. 사랑은 연인 사이의 알콩달콩한 행복만 만드는 것이 아니랍니다. 사랑이란 대상을 향한 관심과 집중이잖아요. 그 사랑을 어디에 얼마나 쏟느냐가 삶의 질과 성공을 결정해요. 사랑을 잘하는 힘은 존중과 배려의 기본이 되고, 한 인간의 잠재력을 이끌어 내는 마중물 역할을 합니다. 사랑이 인생을 좌우한다고까지 말할 수 있어요."

사랑이 인간의 잠재력을 이끌어 낸다니, 부모들에게 특히 필요한 메시지라는 생각이 듭니다.

"사랑을 많이 받아 본 사람이 자신을 사랑할 줄 알고, 자신을 사랑하는 마음이 자존감의 토대가 됩니다. 아이의 자존감을 키우고 싶으면 사랑을 듬뿍 주면 돼요. 게다가 사랑은 위기를 이겨 낼 수 있는 가장 강력한 원동력입니다. 위기를 극복한 사람들의 이야기를 모아 보면, 그걸 극복할 수 있게 해 준 힘은 결국 사랑이에요. 사경을 헤매다 건강을 되찾은 사람들, 가난의 바닥까지 갔다가 일어난 사람들에게 '당신을 구한 힘이 무엇이었냐'고 물으면 '부자가 되고 싶었어요'라는 사람은 한 명도 없어요. '내 손주 얼굴 한 번 더 보고 싶어서, 사랑하는 아내 얼굴 한 번 더 보고 싶어서, 사랑하는 사람과 더 많이 사랑하고 싶어서'라고 해요. 사랑력은 인간의 의지력을 끌어낼 수 있는 가장 큰 힘이에요. 자동차에 비유하면 엔진과 같아요. 엔진이 꺼져 버리면 운동해서, 건강해져서, 부자가 되어서 뭐하겠어요. 스티브 잡스가 죽기 전 마지막으로 한 말도 '사랑하는 가족들과 더 많은 시간을 보낼 걸'이잖아요."

그런데 사랑에는 유효 기간이 있기 마련이죠. 사랑이 싹트고 무르익다가 결국은 이별을 맞는 생로병사가 순리인데요.

"진짜 사랑할 줄 아는 사람은 헤어질 때도 잘 헤어질 줄 알아요. 사랑을 잘 하는 사람은 좋을 때도, 싸울 때도, 헤어질 때도 적절하게 행동하는 사람입니다. 연락하고 싶어도 상대를 위해 참을 줄 알고, 상대가 편하게 지낼 수 있도록 최선을 다해 관계를 마무리하는 것이 필요해요. 이별에 대한 고정 관념을 바꿀 필요가 있어요. 우리는 이별을 슬프고 아픈 일로만 여기는 경우가 많지만, 이별은 성장통의 시간이기도 해요. 이별 후 후회, 자책, 분노, 우울 등 다양한 감정이 휘몰아치는데, 이 과정은 우리의 뇌가 레벨 업을 해 나가는 과정으로 보면 좋겠습니다. 그 여정을 거치고 나면 한 단계 성장이 일어나요."

이별 후 많이 아프면, 그만큼 많이 사랑한 증거라고 믿는 사람들이 많아요.

"그렇지 않아요. 이별 후 유난히 힘들어하는 사람이 흔히 빠지는 착각입니다. 고통이 크고 오래갈수록 자신의 사랑이 깊고 찬란했다고 믿죠. 미안한 말이지만 이별의 아픔이 크고 길다고 해서 그것이 뜨겁게 사랑한 증거는 아닙니다. 정상 범주를 넘어설 정도로 아프다는 건 마음이 건강하지 않다는 증거이고, 회복 탄력성이 떨어진다는 뜻이고, 마음의 안전지대가 확보되지 않았다는 의미입니다. 이별 후 심한 금단 현상은 사람마다 다르지만, 대개 3일에서 2주 사이에 사라져요. 깊은 슬픔이 2주 이상 지속된다면 전문가를 찾아가길 권해요. 그건 사랑의 문제가 아니라, 정신 의학적인 문제일 수 있거든요."

이별을 잘 견딜 수 있는 팁이 있다면요?

"뇌도 '이별 후의 삶'을 준비 해야 하기 때문에 여행을 떠나길 권합니다. 가능한 한 먼 곳으로 떠나 많이 돌아다니면 좋겠어요. 여행은 뇌를 직접 자극합니다. 새로운 정보를 받아들이고, 걷고 움직이면서 몸을 자극하죠. 이 과정을 통해 뇌는 정보 처리 속도를 높이고 데이터를 정리합니다. 버릴 기억은 버리고, 남길 기억은 남기는 과정이죠. 결과적으로 여행은 뇌의 기억 창고를 재부팅하는 작업이에요. 사랑과 이별 과정에서 혹사당한 뇌를 재정비하는 효과도 있습니다."

열정적으로 누군가를 사랑했다가 그 사랑이 식어서 헤어진 경우, 그 기억과 경험이 한 존재에 어떤 지문을 새기게 될까요?

"사랑은 나무를 키우는 것과 같아요. A라는 사람과 B라는 사람이 만나서 사랑을 하면 나무 한 그루가 생겨요. A에게 나무 키우는 능력이 80, B에게는 70이 있다면 나무는 75 정도의 힘을 갖게 됩니다. 두 사람이 헤어지면 이제 나무도 볼 수 없게 되죠. 그렇다고 각각의 사랑력이 사라질까요? 나무를 키우면서 각자의 사랑력은 더 커지기도 합니다. 사랑을 키웠던 경험을 바탕으로 다른 사람을 만나서는 더 튼튼한 나무를 오래오래 키울 수 있지요."

단둘이 하는 사랑은 더 어려운가요?

"집단 치료라는 게 있어요. 알코올 중독, 도박 중독자들을 모아서 집단으로 치료하는데, 그러면 한 명씩 치료하는 것보다 훨씬 치료가 잘돼요. 집단이 가진 힘이죠. 4인 가족에서 아이 둘이 싸울 경우, 부모가 완충 역할을 해서 저절로 화해되는 부분이 있어요. 엄마나 아빠가 '그런 일이 있었어? 그랬구나. 힘들었겠다. 오늘은 푹 자면서 좋은 꿈 꾸렴~' 하는 것만으로도 마음이 풀리거든요. 그런데 둘만 살다가 틀어지면 화해가 어려워요. 친구 간의 우정도 그래요. 집단에는 다양한 조력자들이 있어서 완충되고 완화하

역할을 합니다. 그런데 단둘이서 고립된 채로 사랑을 하려면, 아무래도 무리가 따르죠."

사랑에는 다양한 층위가 있지요. 가족 간의 사랑력을 키우는 일도 만만찮게 어려워요.

"사랑하는 자식과 다퉈서 힘들다는 분들이 많이 오세요. 부모 자식 간에는 세대 차이를 인정하는 게 가장 중요해요. 부모가 쓰는 단어와 자식의 단어는 전혀 다르거든요. 많은 부모들이 사랑을 생산 활동으로 여겨요. 먹을 걸 사 주고, 전화를 자주 하고, 여행을 다니는 것이 사랑이라고 생각해요. 하지만 요즘 자식 세대에게 사랑은 내버려두는 거예요. 잘한다고 응원하면서 스스로 하도록 기다려 주는 것, 믿고 맡겨 주는 것. 이런 게 사랑이에요. 부모 세대끼리는 서로 코칭하면서 잘 놀지만, 자식 세대에게는 이래라저래라가 안 통해요. 사랑으로 느껴질 못합니다. 오히려 간섭으로 받아들이죠."

연애와 결혼을 포기한 2030세대가 점점 많아집니다. 사랑할 용기가 부족한 세대라는 시각도 존재하고요.

"석박사 학위가 있어도 취직이 잘 안되는데 어떻게 연애와 사랑에 관심을 쏟겠어요. 과거에는 일과 사랑에 에너지와 시간을 반반씩 썼다면 지금은 8 대 2가 됐단 말이에요. 그 짧은 시간에 해내

"
사랑에 실패하는 가장 큰 원인은
'도와주기'의 방향을 잘못 잡기 때문이에요.
도와주기의 과녁은 상대방에 있어야 합니다.
그에게 필요하고 도움이 되는 것을 해 줘야 하죠.
그런데 많은 사람들이 상대는 원하지 않는데
내가 해 주고 싶은 것을 해 줘요.
그 후 반응이 좋지 않으면
'너를 위해 기껏 해 줬는데 내 마음도 몰라주고' 식으로
갈등 상황이 생깁니다.
"

긴 쉽지 않죠."

김연아 선수가 아름다운 점프를 하는 순간, 외국 해설가들은 감탄을 먼저 하는데 우리나라 해설가들은 몇 점짜리인지 따지느라 여념이 없더군요. 한국의 치열한 경쟁의 한 단면처럼 보였습니다.

"어릴 때부터 입시 공부에 매진하고, 생산 활동을 많이 하다 보면 뭔가를 감상하고 감탄할 시간이 없어요. 단점을 빨리 찾아내서 보완하려는 습성이 뿌리 깊고요. 그래서 잘살게 된 측면도 있지만, 안타까운 면도 있고, 상처를 주기도 하죠. 이제 우리도 좀 달라지지 않을까요?"

이런 태도가 연인 간의 사랑에도 고스란히 적용된다면……. 아, 상상만 해도 갑갑합니다.

"상대방의 단점과 문제점을 넘어가 주지 못하면 친해지기 힘들죠. 살다 보면 우리는 말이 안 되는 행동을 얼마나 많이 합니까. 다이어트 한다면서 맘껏 먹고, 내일부터 운동한다 하고는 안 하잖아요. 하나하나 끄집어내서 지적하면 사람 사이는 멀어질 수밖에 없어요. '그냥 넘어가 주기'가 꼭 필요해요. 공부할 땐 지적 모드로 하다가도 사랑할 땐 그런 뇌의 스위치를 끌 줄 알아야 해요. 이 모드 전환이 잘못되면 일하는 곳에서 사랑받으려 하고, 집에서 일하려 하게 되죠."

'그냥 넘어가 주기' 태도가 특히 더 필요한 사람들이 있을 것 같아요.

"인간은 기본적으로 불완전한 존재이기 때문에 우리 모두에게 이런 관용적인 태도가 필요하긴 합니다. 그중에서도 특히 법과 윤리, 역사와 철학, 방송업이나 기자, 경제 경영 관련 사람들, 소위 '먹물형'들에게 필요한 사랑의 태도예요. 이런 사람들은 매사에 '왜 그럴까'의 질문이 따라다닙니다. 일할 때와 사랑할 때를 구분해야 해요. 일할 때에는 '왜 그럴까'의 질문이 성취도와 완성도를 높이는데 꼭 필요하지만, 사랑할 때에도 그런 태도를 적용한다면 상대방과 갈등의 여지가 많아져요. 정답에 대한 집착을 버리고 세상에는 이유가 없는 것도 많다는 것을 인정해야 합니다."

오래가는 사랑을 할 줄 아는 사람들의 공통점이 있던가요?

"사랑에 큰 기대를 걸지 않는 것이 중요해요. 아무리 사랑하는 사람이 있어도 매일이 새롭고 달콤할 수는 없어요. 피곤하고 할 말 없고 모든 게 귀찮아지는 시간이 오게 마련이에요. 그렇다고 해서 사랑이 끝난 것은 아니거든요. 각자의 일상을 충실히 해 나가면서 상대방의 삶과 취향도 존중해 줘야 합니다. 사랑하니까 무조건 맞춰 줘야 하고, 사랑하니까 무조건 믿어야 한다는 것은 잘못된 태도예요."

애착 손상이 제대로 된 사랑을 방해한다고 하지요. 애착 유형 중 '회피형 애착'과 '불안형 애착' 중 어떤 유형이 더 흔한가요?

"통계학적으로는 비슷하다고 하는데, 불안형이 눈에는 더 많이 띕니다. 불안형은 에너지가 높아서 잘 돌아다니고, 말도 많이 하고, 표현도 많이 하거든요. 병원에도 많이 오고 직장에서도 눈에 잘 보여요. 반면 회피형은 병원에도 잘 안 오고, 직장에서도 눈에 안 띄죠."

그런데 회피형 애착이 직장 생활에서 성공하기 쉽다고 했어요.

"일 중독에 빠질 확률이 높으니까요. 가족과 시간을 보내기보다 회사 인간이 되고, 갈등이 생기면 해결하려 하기보다 유야무야 넘어가려 하고요. 그래서 회사 생활을 잘하는 것처럼 보이는데, 트렌드가 바뀌면서 회피형 애착이 위기를 맞고 있어요. 집에 안 가는 리더를 싫어하는 분위기라 아랫사람들이 못 견디죠."

이제 원장님을 찾아오는 회피형이 많아지겠군요.
"그렇겠죠. 억울해 하시면서 오겠죠."

왜 억울하죠?

"나는 힘든 게 있어도 꾹 참고 일했고, 그게 장점이자 미덕이었는데 어느 날 갑자기 아랫사람들이 '당신과 일 못하겠다'면서 나가 버리니까 억울하죠. 나의 장점을 다른 사람들이 공격하니 당황스럽고 외로워지고요. 이런 회피형과 잘 지내려면 너무 가까이 다가가면 안 됩니다. 멀지도 가깝지도 않은 고슴도치의 거리를 지키는 게 중요해요."

사랑을 시작하는 사람들, 잘 사랑하고 싶은 사람들에게 건네고 싶은 단 하나의 문장을 꼽는다면요?

"'당연한 사랑은 없다'는 말을 강조하고 싶어요. 우리는 사랑에 대한 신화가 있어요. 몇 초 만에 반해서 사랑이 샘솟고, 서로 사랑해서 행복하게 살았다는. 다른 신화는 잘 깨지는데 사랑에 대한 신화는 좀처럼 깨지지 않아요. 누구나 그런 사랑을 꿈꾸지만 그런 사랑은 세상에 없습니다. 세상에 저절로 되는 건 없어요. 돈을 많이 벌려면, 글을 잘 쓰려면, 공부를 잘하려면 그에 해당하는 노력을 해야 하듯, 사랑 역시 저절로 되는 게 아니라는 얘기를 하고 싶어요."

─────●─────

'저절로 되는 사랑은 없다'는 윤홍균 박사의 말을 들으며 내가 사랑한 사랑 영화들이 떠올랐다. 한때 나는 영화 평론가를 꿈꿀 만큼 영화를 사랑했고, 사랑을 소재로 한 영화를 지독히도 탐닉했다. 누군가가 나에게 '당신의 인생 사랑 영화 한 편은 무엇인가요'

라는 발칙한 질문을 던진다면(콘텐츠 덕후에게 '단 하나의 인생 책이나 인생 영화를 꼽아 달라'는 건 일기장을 보여 달라는 것과 마찬가지다!), 프랑스 영화 「사랑한다면 이들처럼」이라고 답하겠다. 1992년에 한국서 개봉한 영화로, 극단적인 결말이 주는 여운이 깊다. 여주인공 마틸다는 가장 사랑하는 순간에 폭우 속으로 사라져 버린다. "먼저 떠납니다. 사랑을 남기고 가려고요. 아니 불행이 오기 전에"라는 편지를 파트너에게 남기고. 언젠가 사랑이 식어 버릴 것이므로, 절정의 사랑을 박제하기 위해 가장 황홀한 순간에 이별을 택한 것이었다. 20대의 나는 너무 뜨거워서 화상을 입을 것 같은 감정 작용을 사랑이라고 믿었다. 그래서 마틸다의 이별 방식을 꽤나 수긍했다. 심지어 멋져 보였다.

하지만 40대가 되면서 인생 사랑 영화가 바뀌었다. 역시 프랑스 영화로, 「아무르」다. 치매 걸린 80대 피아니스트 아내를 위해 동반 자살을 택하는 결말로 끝나는 영화다. 남편은 아내의 백발 단발머리를 머리빗으로 곱게 빗어 주고, 새빨간 장미 꽃다발을 한 아름 사 온다. 한 송이 한 송이 깨끗하게 씻어 아내가 잠들어 있는 새하얀 침대에 장식한다. 그러고 나서 둘은 그렇게 마지막을 맞는다. 영화의 대사는 많지 않지만 숱한 질문을 남긴다. 인간다운 삶이란 무엇이며, 생의 자기 결정권은 어디까지 허용되어야 하는가, 노인 돌봄의 사회적 시스템은 어디까지 갖추어야 하는가 등.

무엇보다 이 영화가 나에게 가장 크게 남긴 질문은 이것이었다. 사랑하는 상대방이 원하는 삶이 아니라면, 그 삶을 중단하도록 돕는 것이 사랑이 아닐까. 아주 좁은 길로 향하는 지독히도 고통스러운 사랑. 그 반대도 생각해 본다. 상대가 원하지 않는 삶을 그저 연명하도록 돕는 것은 사랑일까. 그 선택은 오히려 쉬울 수 있다. '세상에서 생명보다 소중한 것은 없다'는 보편적인 명제를 지키면서 '살아 있음'에 안도하는 삶을 지키면 되는 것이므로. 그렇다면 그 삶은 나를 위한 선택일까, 상대를 위한 선택일까.

내가 20대에 사랑한 영화 「사랑한다면 이들처럼」과 40대에 사랑한 영화 「아무르」를 들여다본다. 두 영화의 가장 큰 차이는 어디에 있을까. 여러 포인트가 있겠지만, 가장 큰 차이는 '시선'이 아닐까 싶다. 누구의 시선에서 사랑을 하는가. 나의 눈으로 사랑을 하는가, 아니면 그의 눈으로 사랑을 하는가. 「사랑한다면 이들처럼」은 나의 감정 작용이 먼저지만, 「아무르」는 상대방이 무엇을 원하는지를 먼저 읽는다. 전자의 주인공은 내 사랑의 감정을 유폐해 두기 위해 행동하지만, 후자에서 주인공은 상대방이 원하는 것을 헤아리고 이루어 주기 위해 행동한다. 오래가는 사랑을 하려면 나의 눈이 아니라, 그의 눈으로 사랑을 할 수 있어야 한다고 믿는다.

사랑은 변한다. 초기의 사랑은 '사랑되다'라는 피동태를 띠지만, 점점 '사랑하다'라는 능동태로 변한다. 처음 사랑은 피할 수 없는 교통사고처럼 시작된다. 누군가를 향한 두근거림과 떨림, 꽉 찬 환희와 들뜬 감정은 내가 어찌 할 수 없는 호르몬의 작용이다. 저절로 그렇게 되는 '피동태'의 영역이다. 하지만 사랑 역시 생물처럼 생로병사를 겪게 된다. 사랑의 감정이 솟아나서 점점 무르익고, 절정을 지나다가 식어 버리고 만다. 그때부터는 의지와 노력의 영역이다. 사랑을 오래 이어 나가려면 '사랑하다'는 능동태가 필요하다. 사랑에서 중요한 것은 '많이' 사랑하는 것이 아니라 '잘' 사랑하는 것이다. '많이' 사랑하는 마음은 일방적인 감정이어서 이 자체만으로는 폭력성의 위험이 다분하다. '내가 너를 얼마나 많이 사랑하는지 아느냐'는 교제 살인을 일으키는 스토커들의 단골 대사 아닌가.

잘 사랑하려면 성실성과 책임감이 따른다. 성숙한 사랑을 하려면 시선의 이동을 할 수 있어야 한다. 다시 말해 사랑의 감정 작용에 푹 빠져 있는 '나'에서 벗어나, '그'의 시선으로 나를 바라볼 수 있어야 한다. 좋은 사랑이란 내가 더 나답게, 그가 더 그답게 살 수 있도록 지지하고 응원해 주는 사랑이다. 사랑이라는 명목으로 상대를 속박하고 구속한다면, 그것은 그를 사랑하는 것이 아니라 그를 사랑하는 나를 사랑하는 이기적인 자기애에 불과하다.

역사 속에서 '잘 사랑한' 최고의 커플을 꼽자면, 화가 김환기와 아내 김향안을 말하고 싶다. 김향안의 본명은 변동림이었다. 그는 아이가 셋이나 있는 김환기를 본 순간 운명적인 사랑을 느꼈고, 그와의 사랑을 위해 자신의 생을 기꺼이 던지기로 결심한다.

집안에서 결혼을 허락해 주지 않자 자신의 이름까지 개명하기에 이른다. 김향안. 김환기의 성인 '김'과 김환기의 호였던 '향안'을 이름으로 삼았다. 여기까지는 '사랑이 되는' 피동태의 영역이다. 그의 거룩한 사랑은 결혼 이후부터 본격적으로 발휘된다. 김향안은 남편 김환기의 재능을 알아보고 그 재능이 빛날 수 있게 조력자의 역할을 하는 한편, 김환기의 재능을 지렛대 삼아 스스로도 예술 경영인으로서의 능력을 키워 나갔다. 김향인이 없었다면 추상화의 대가 김환기는 존재할 수 없었다. 반대로 김환기가 없었다면 프랑스 파리에서 훌륭한 예술 경영가로 꽃핀 김향안도 없었다.

김향안은 말한다. "사랑은 지성이다", "함께 성장해야 함부로 시들지 않는다." 사랑력은 인간에게 내재된 잠재력을 폭발시키는 기적의 힘을 지녔다. 잘 사랑하면 나는 내가 될 수 있는 나 이상의 존재가 될 수 있다. 나는 나로서, 내가 사랑하는 당신은 당신으로서.

> "
> '당연한 사랑은 없다'는
> 말을 강조하고 싶어요.
> 돈을 많이 벌려면, 글을 잘 쓰려면, 공부를 잘하려면
> 그에 해당하는 노력을 해야 하듯,
> 사랑 역시 저절로 되는 게
> 아니라는 얘기를 하고 싶어요.
> "

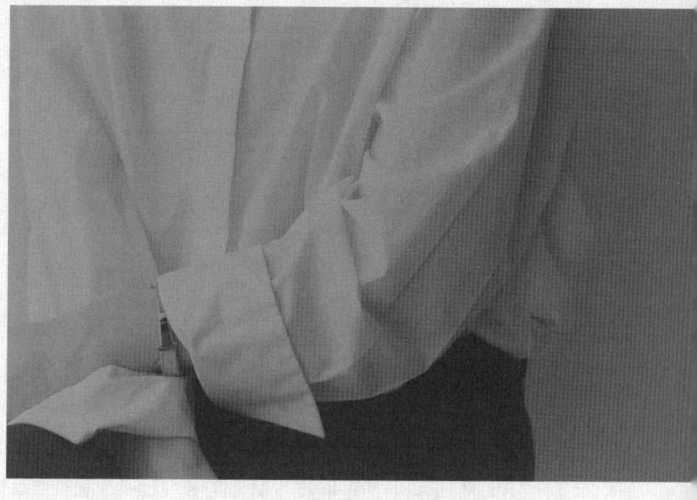

어른의 말

초판 1쇄 발행 2025년 8월 5일

지은이 김민희

발행인 양진오
편집인 미미 & 류
발행처 교학사

등록번호 제25100-2011-256호
주소 서울 마포구 마포대로 14길 4, 5층
전화 02-707-5239
팩스 02-707-5359
이메일 miryubook@naver.com
인스타그램 @miryubook

ISBN 979-11-88632-34-3 (03190)

미류책방은 교학사의 임프린트입니다.

· 파본이나 잘못된 책은 구입하신 곳에서 바꿔드립니다.
· 이 책은 저작권법에 의해 보호받는 저작물이므로 무단전재와 무단복제를 금지하며 책 내용의 전부 또는 일부를 인용하거나 발췌하려면 반드시 저작권자와 교학사의 서면 동의를 받아야 합니다.